AF635926

Die Facharbeit für Erzieherinnen und Erzieher

Ein Ratgeber für Lernende an Fachschulen für Sozialpädagogik

Wolfgang Dohrmann

3., durchgesehene Auflage

Handwerk und Technik - Hamburg

Über den Autor
Wolfgang Dohrmann unterrichtete an der Fachschule für Sozialpädagogik des Pestalozzi-Fröbel-Hauses in Berlin. Er ist Verfasser diverser Veröffentlichungen im Bereich Sozialpädagogik und Englisch sowie Übersetzer pädagogischer Fachtexte.

Die Ausführungen zur Formatierung in Textverarbeitungssoftware in diesem Buch erfolgen ohne Gewähr, da diese Programme regelmäßigen Aktualisierungen unterworfen sind.

ISBN 978-3-582-12950-5 Best.-Nr. 4776 3. Auflage

Das Werk und seine Teile sind urheberrechtlich geschützt. Jede Nutzung in anderen als den gesetzlich oder durch bundesweite Vereinbarungen zugelassenen Fällen bedarf der vorherigen schriftlichen Einwilligung des Verlages.
Die Verweise auf Internetadressen und -dateien beziehen sich auf deren Zustand und Inhalt zum Zeitpunkt der Drucklegung des Werks. Der Verlag übernimmt keinerlei Gewähr und Haftung für deren Aktualität oder Inhalt noch für den Inhalt von mit ihnen verlinkten weiteren Internetseiten.

Verlag Handwerk und Technik GmbH
Lademannbogen 135, 22339 Hamburg; Postfach 63 05 00, 22331 Hamburg – 2019
Internet: www.handwerk-technik.de
E-Mail: info@handwerk-technik.de

Satz und Layout: alias.medienproduktion GmbH, Berlin
Zeichnungen: Ulrich Bensmann, Hannover
Umschlagfotos: Fotolia Deutschland, Berlin, © www.fotolia.de, Bild 1 (grafikplusfoto), Bild 2 (nikolarakic)

Druck: DZA Druckerei zu Altenburg GmbH, 04600 Altenburg

ZIEL UND ZWECK DIESES BUCHES

TEIL 1

1 Vorbemerkung

Dieser Ratgeber richtet sich gleichermaßen an Fachschülerinnen und Fachschüler an Ausbildungsstätten für Sozialpädagogik und an ihre Lehrkräfte, die sie bei der Abfassung ihrer Facharbeiten zum Abschluss ihrer Ausbildung anleiten und unterstützen. Die Facharbeit kostet die meisten Studierenden eine Menge Überwindung: Während ihre Ausbildung zum großen Teil auf kommunikativem Verhalten wie auf Gruppenarbeiten und auf kreativen Leistungen basiert, ist nun eine schriftliche Einzelleistung verlangt – das erinnert an Klassenarbeiten, an Klausuren. Schriftliche Ausarbeitungen waren in der bisherigen Ausbildung oft Grundlage für Referate, Einzel- oder Gruppenpräsentationen oder Handouts. Eine umfassende Ausarbeitung von vielen Seiten, ordentlich getippt, unter Verwendung von Fachliteratur – das ist schon eine Herausforderung.

An wen richtet sich dieser Ratgeber?

Die Anforderungen an Facharbeiten sind unterschiedlich.

Ich selbst arbeite in der Erzieherausbildung und habe viele Studierende bei der Abfassung ihrer Facharbeiten begleitet. Daher weiß ich, dass dieses Feld wenig geregelt ist – und das hat auch seine Vorteile. Die Vorgaben für die Abfassung von Facharbeiten variieren je nach Bundesländern, nach Trägern von Ausbildungseinrichtungen, nach einzelnen Schulen bzw. Fachakademien und sie variieren von Lehrkraft zu Lehrkraft. Durch diese Vielfalt von Anforderungen ist es möglich, auf die Ausbildungsbedingungen in der jeweiligen Schule einzugehen.

Es wäre demzufolge unangemessen, eine *Anleitung* oder einen *Leitfaden* für die Abfassung von Facharbeiten zu schreiben. Die meisten Schulen haben einen Leitfaden, in dem geregelt ist, welche Formatierungsvorgaben einzuhalten sind, welchen Umfang die Arbeit haben muss und welche Bedingungen an die Themenwahl gestellt werden.

Auch ich habe dazu meine Vorstellungen, die unter anderem von den Rahmenbedingungen geprägt sind, die an „meiner" Schule herrschen. Aber es wäre nicht zweckmäßig, diese zur Grundlage eines Ratgebers zu machen. Also habe ich zur Vorbereitung zahlreiche Gespräche geführt, telefonisch und persönlich, mit Kollegen und Kolleginnen aus der Ausbildung, mit Studierenden im letzten Ausbildungsjahr und mit ehemaligen Fachschülern, die jetzt als Berufsanfänger in der Praxis arbeiten oder ein Hochschulstudium aufgenommen haben. Meine Gesprächspartner kamen aus ganz unterschiedliche Fachschulen/Fachakademien aus verschiedenen Bundesländern.

Aus diesen Gesprächen habe ich Wünsche und Bedürfnisse „herausgefiltert", die mit der Abfassung der Facharbeit verbunden sind, unabhängig von den konkreten Anforderungen einer bestimmten Schule, und sie in meine Ausführungen einfließen lassen.

Welche Wünsche äußerten die Betroffenen an diesen Ratgeber?

Das Spektrum dieser Wünsche reicht von ganz konkreten, **technischen Fragen** (Textformatierung, Anlegen von Listen mit mehreren Ebenen, Gestaltung des Seitenlayouts) über Fragen der **Gestaltung eines wissenschaftlichen Manuskripts** (richtiges Zitieren, Erstellen von Fußnoten, Literaturverzeichnis) über **Arbeitsmethoden** (Literaturrecherche in Fachbüchern und -zeitschriften sowie im Internet, Interviews, Umfragen, einfache Methoden der Sozialforschung) bis zu der ersten und eigentlich schwierigsten Aufgabe: **Themenfindung und -formulierung**. Nicht zu vergessen ist auch die grundlegende Frage: Was soll mit der Facharbeit eigentlich nachgewiesen werden? Wozu soll sie, wozu kann sie dienen? Welchen Stellenwert hat sie innerhalb des modernen, lernfeld- und kompetenzorientierten Qualifikationsprofils?

Schon das vorliegende Buch kann ein Beispiel sein für eine Art, an eine Problemstellung heranzugehen, eine Fragestellung zu bearbeiten: Ich sage nicht „aufgrund meiner Berufserfahrung verfasse ich einen Ratgeber zu den Fragen, die die Studierenden bewegen", sondern „ich frage die Kollegen in der Ausbildung und die Studierenden und jungen Fachkräfte, welche Wünsche sie an einen Ratgeber haben; ich versuche sodann, auf diese Anforderungen einzugehen." Dies habe ich im vorliegenden Buch getan.

Die Terminologie in der Ausbildung von Erziehern kann verwirren.

ANMERKUNG zu der im Buch verwendeten Terminologie
Die Begriffe für Teile der sozialpädagogischen Ausbildung differieren sehr stark in den verschiedenen Bundesländern. Es gibt Fachschulen und Fachakademien, Studierende sowie Fachschülerinnen/Fachschüler, Lehrer/Lehrerinnen sowie Dozenten/Dozentinnen, es gibt Tutoren, Mentoren, (praxisbegleitende) Seminare, praxisbegleitenden Unterricht, Kolloquien, Abschlussgespräche, Fachgespräche – und natürlich Facharbeiten, Abschlussarbeiten, Praktikumsberichte in jeglicher Form.

Es werden in diesem Ratgeber nicht bei Verwendung eines der Begriffe alle anderen jeweils dazu gehörigen in Klammern mit erwähnt, sondern sie so benutzt, dass die Bedeutung stets aus dem Kontext klar wird.

ANMERKUNG Zur besseren Lesbarkeit des Textes werden abwechselnd die männlichen und weiblichen Formen für Berufsbezeichnungen verwendet. Siehe dazu auch Kap. 7 Sprache und Geschlecht.

2 Was ist eine Facharbeit?

Unterschiedliche Arbeiten an den Ausbildungseinrichtungen

Facharbeiten als Abschlussarbeiten an Fachschulen bzw. Fachakademien für Sozialpädagogik unterscheiden sich in vielerlei Hinsicht von anderen Abschlussarbeiten.

An allgemeinbildenden Schulen gibt es Facharbeiten als Teil von Abiturprüfungen oder als Zulassungsvoraussetzung dafür. Hauptziel der schulischen Facharbeit ist die Einführung in wissenschaftliches Arbeiten als Teil der Hochschulzugangsberechtigung, die das Abitur schließlich darstellt. Lernziel ist also in erster Linie der Nachweis über die Befähigung, eine wissenschaftliche Methodik auf eine Aufgabenstellung anzuwenden.

> „**Facharbeiten** sind besonders geeignet, die Schülerinnen und Schüler mit den Prinzipien und Formen selbstständigen, wissenschaftspropädeutischen Lernens vertraut zu machen. [...] Ziel der Facharbeit ist es, dass die Schülerinnen und Schüler beispielhaft lernen, was eine wissenschaftliche Arbeit ist und wie man sie schreibt. Die umfassende oder wissenschaftliche Erarbeitung eines bestimmten Themas ist nicht Aufgabe einer Facharbeit", heißt es in einem Ratgeber für die schulische Facharbeit.
>
> (Landesinstitut für Schule und Weiterbildung NRW, 1999)

Dies – eine umfassende wissenschaftliche Erarbeitung eines Themas – ist Aufgabe von **Abschlussarbeiten an Hochschulen**. Am Schluss eines Hochschulstudiums ist in der Bachelor- Arbeit die wissenschaftliche Methode das Handwerkszeug, um eine fachspezifische Fragestellung zu bearbeiten oder um eine Forschungsaufgabe zu lösen.

> „**In der fachspezifischen Bachelorarbeit** soll der/die Studierende nachweisen, dass er/sie in der Lage ist, innerhalb einer vorgegebenen Frist, ein Problem aus einem Fachgebiet des Bachelorstudiengangs ‚Soziale Arbeit' selbstständig nach wissenschaftlichen Methoden zu bearbeiten."
>
> (Evangelische Hochschule Berlin)

Die Facharbeit in der sozialpädagogischen Ausbildung

Was aber ist eine Facharbeit, oder Abschlussarbeit, in **sozialpädagogischen Studiengängen**? Zunächst einmal gibt es hier eine gehörige Begriffsverwirrung. Deshalb möchte ich ganz systematisch vorgehen.

Die Kultusministerkonferenz hat zum Thema Abschlussprüfung an Fachschulen für Sozialpädagogik Folgendes festgelegt:

> „**In der schriftlichen Prüfung** werden mindestens drei Arbeiten, in den Fachbereichen Sozialwesen und Agrarwirtschaft mindestens zwei Arbeiten, aus dem fachrichtungsbezogenen Lernbereich angefertigt. [...]

> Eine der schriftlichen Prüfungsarbeiten kann durch eine schriftliche Facharbeit mit anschließender Präsentation der Ergebnisse im Rahmen eines Kolloquiums unter prüfungsgemäßen Bedingungen ersetzt werden."
>
> (Kultusministerkonferenz, 2002/2013)

Dieser Beschluss hat aufgrund der Kulturhoheit der Länder natürlich keine bindende Wirkung, ist aber ein politisches Signal: Der Begriff „Facharbeit" wird hier im Sinne eines Teils der Abschlussprüfung verstanden. (Dies ist deshalb wichtig, weil in einigen Bundesländern dieser Begriff für einen Praktikumsbericht verwendet wird.) Dies wird auch unterstrichen durch einen anderen Beschluss der KMK von 2010, worin die „Durchlässigkeit und gegenseitige [...] Anrechnung von Studienleistungen zwischen der fachschulischen Ausbildung von Erzieherinnen und Erziehern und der Ausbildung von Kindheitspädagogen an Fachhochschulen" gefordert wird, indem an Fachschulen erworbene Qualifikationen auf ein Hochschulstudium angerechnet werden sollen.

Zur Durchlässigkeit der Ausbildung

Wenn man bedenkt, dass die **staatliche Anerkennung als Erzieher oder Erzieherin** nicht nur die Fachhochschulreife enthält, sondern dass bildungspolitisch gesehen eine engere Verzahnung von fachschulischen und hochschulischen Bildungsgängen im Bereich Sozialpädagogik/Kindheitspädagogik ausgesprochen erwünscht ist, dann kommt der hier besprochenen Facharbeit eine wichtige Rolle zu. Denn hier zeigen Studierende ihre Kompetenz, eine sozialpädagogische Fragestellung bzw. Aufgabe selbstständig mithilfe von Fachliteratur unter Anwendung wissenschaftlicher Methodik zu bearbeiten, wobei der Begriff der Fragestellung hier vieles bedeuten kann: eine Projektarbeit, eine eigene Untersuchung usw. Innerhalb eines Studiengangs, der ansonsten sehr kommunikativ sowie lernsituationsbezogen angelegt ist, nimmt die Facharbeit also eine Ausnahmestellung ein, denn: „Professionelles Handeln von Fachkräften in den verschiedenen Arbeitsfeldern erfordert Kompetenzen der selbstständigen Bearbeitung von komplexen fachlichen Aufgaben" (KMK, 2011).

ZUSAMMENGEFASST Facharbeiten oder Abschlussarbeiten an Fachschulen/Fachakademien für Sozialpädagogik nehmen eine eigene, besondere Stellung im Rahmen der Abschlussprüfung ein. Sie können, aber sie müssen nicht in den Prüfungsordnungen der Länder gefordert werden.

Ihr Ziel ist die Bearbeitung einer sozialpädagogischen Aufgabenstellung mit einem starken Praxisbezug mit wissenschaftlicher Methodik unter Zuhilfenahme von Fachliteratur.

Die dabei erworbenen **Kompetenzen** dienen sowohl der Vorbereitung auf eine komplexe Berufspraxis als auch auf ein weiterführendes Studium.

Ein weiterer Punkt der Verwirrung kommt hinzu: Die **Anforderungen** an die Aufgabenstellung, an die Bearbeitungsdauer und den Umfang der Abschlussarbeiten sind je nach Bundesland **äußerst unterschiedlich**. Hinzu kommt, dass in mehreren Schulen Modellversuche mit einem modularisierten Studiengang laufen, die auch eine Facharbeit beinhalten. Einige Schulen sind gerade dabei, einen Leitfaden zu erarbeiten, in einem Bundesland *(Sachsen)* gibt es im zweiten Ausbildungsjahr ein eigenes Lernfeld „Fachrichtungsbezogene Problemstellungen im Rahmen einer Facharbeit bearbeiten" mit 80 Unterrichtsstunden. Ich habe im Vorfeld für dieses Buch eine umfangreiche Befragung zum Thema Facharbeiten unter Fachschulen/ Fachakademien durchgeführt und habe Rückmeldungen aus allen Bundesländern erhalten. Ich weiß, wie unterschiedlich die Ausbildungsbedingungen und Ausbildungs- und Prüfungsordnungen der Länder sind, und möchte daher der Klarheit halber feststellen:

Es kommt mir mit diesem Ratgeber *nicht* darauf an, die Leitfäden einzelner Bundesländer oder Ausbildungseinrichtungen zu ersetzen oder mit ihnen in Konkurrenz zu treten. Es kommt mir auch *nicht* darauf an, Wertungen bezüglich der in unterschiedlichen Schulen geübten Praxis vorzunehmen.

Dieser Ratgeber richtet sich vielmehr an alle Studierenden, die eine Abschlussarbeit mit einer sozialpädagogischen Fragestellung mit wissenschaftlicher Methodik in der Ausbildung von Erzieherinnen schreiben wollen oder müssen – und an die Lehrenden, die daraus vielleicht auch einige Hinweise ziehen können. Im Zweifel gilt jedoch stets: Entscheidend ist der Leitfaden der Schule/ des Bundeslandes!

Die Zugangsvoraussetzungen für die Ausbildung von Erzieherinnen sind in den Bundesländern höchst unterschiedlich, sowohl was die schulischen Voraussetzungen betrifft als auch die vielen Ausnahmeregelungen. Fakt ist, dass letztlich Studierende unterschiedlichsten Alters und unterschiedlichster schulischer und beruflicher Vorbildung zur Abschlussprüfung geführt werden, die Zielgruppe dieses Ratgebers also wesentlich heterogener ist als bei Abiturienten oder Studenten. Somit berücksichtigt dieses Werk auch jene unterschiedlichen Interessen.

3 Unterschiedliche Anforderungen in den Bundesländern

In allen Bundesländern (bis auf *Berlin*) ist die **Regelvoraussetzung** für die Zulassung an Fachschule bzw. Fachakademie der mittlere Schulabschluss, der zumeist ergänzt werden muss durch ein 1-jähriges Berufskolleg, einen Berufsabschluss als Kinderpfleger bzw. Sozialassistent, einen Abschluss in einer Berufsfachschule für Sozialwesen, eine einschlägige Berufsausbildung, die Ableistung eines Freiwilligen Sozialen Jahres, eine beliebige 3-jährige hauptberufliche Tätigkeit, die Führung eines Haushalts mit einem minderjährigen Kind für drei Jahre usw. Lediglich in *Berlin* ist die Regelvoraussetzung Abitur oder Fachhochschulreife an einer Fachoberschule für Sozialwesen mit einer Öffnungsklausel für Bewerberinnen mit einschlägiger Vorbildung.[1]

Mit anderen Worten - die Bildungsvoraussetzungen der Studierenden/Fachschüler sind äußerst heterogen: Es gibt Studierende mit mittlerem Schulabschluss, es gibt Studierende mit teilweise langjähriger, z.T. einschlägiger Berufstätigkeit, und es gibt Studierende mit Hochschulreife, z.T. mit abgebrochenem oder auch mit abgeschlossenem Hochschulstudium.

Bezüglich der Facharbeiten ist die Situation ähnlich zersplittert: Eine selbstständige Facharbeit wird verlangt in zehn Bundesländern, wobei zur Definition der „Facharbeit" auch die Erörterung in einem Kolloquium oder eine Präsentation/ein Fachgespräch gehört. In zwei Bundesländern wird sie zwar nicht verlangt, kann aber eine schriftliche Prüfung ersetzen. In mindestens einem Land wird sie nicht verlangt, kann aber im Rahmen eines Schulversuchs gefordert werden.

Die Bearbeitungszeit schwankt zwischen einer Woche und 15 Wochen (wobei die kurzen Bearbeitungszeiten meist in die unterrichtsfreie Zeit fallen), der **Umfang** reicht bis zu 40 Textseiten. In einigen Bundesländern gibt es Leitfäden, einige Einrichtungen haben ihre eigenen Leitfäden, andere sind zurzeit in Arbeit oder sie arbeiten ohne Leitfaden.

Die Thematik der Arbeiten ist teilweise eine „selbstständige Bearbeitung einer sozialpädagogischen Aufgabenstellung", teilweise „eine sozialpädagogische Aufgabe aus der Praxis", manchmal sollen auch „aus dem jeweiligen beruflichen Handlungsfeld praxisgerechte Lösungen geplant werden". In wenigen Ländern ist die Facharbeit ein Praktikumsbericht, in einem Fall ist zur methodischen Prüfung am Ende des Berufspraktikums ein Praktikumsbericht vorzulegen.[2]

---

[1] Diese Angaben beruhen auf Janssen/DJI 2010 sowie auf eigenen Befragungen.

[2] Quellen: Janssen/DJI 2010 und eigene Befragungen.

Facharbeiten „sind im Kommen" …

Bei einer Umfrage an deutschen Fachschulen und Berufsverbänden entstand der Eindruck, dass dort, wo es noch keine Facharbeiten gibt, vielfach ein Interesse an der Einführung von Facharbeiten bestehe (Zitate aus der Korrespondenz: „Ich würde mich freuen, vom Ergebnis Ihrer Bemühungen zu hören, denn dies könnte ein Impuls für die Kolleginnen und Kollegen sein, sich mit der Fragestellung näher zu befassen", und: „Viele [Bundesländer] verändern allerdings gerade ihre Rahmenrichtlinien und entsprechend könnte ich mir vorstellen, dass die Anzahl der Facharbeiten ansteigen wird", und: „… im Rahmen der neuen Rahmenrichtlinien, die wir in NN zurzeit erarbeiten, gibt es auch die Überlegung, zukünftig eine Prüfungsleistung in Form einer Facharbeit einzuführen").

In *Sachsen* gibt es im zweiten Ausbildungsjahr ein eigenes Lernfeld, das sich mit Problemstellungen im Rahmen der Facharbeit beschäftigt. Inhalte hier sind die Erarbeitung einer Themenstellung, die inhaltlichen und formalen Anforderungen wissenschaftlichen Arbeitens, wissenschaftliche Untersuchungsmethoden und Arbeitsmethodik, Vorbereitung auf das Fachgespräch.

Benotung von Facharbeiten

Um die Frage der Benotung von Facharbeiten soll es hier nicht gehen, das ist Ländersache und außerdem kurzfristigen Veränderungen unterworfen. In *Berlin* z.B. wurde sie bisher nicht benotet, jedoch gilt dort laut Sozialpädagogikverordnung ab dem Schuljahr 2016/2017, dass die Facharbeiten nun benotet werden und mit einem Siebtel in die Endnote eingehen.

… unter anderem, weil die Anforderungen steigen.

Was bedeutet dies alles für einen „Ratgeber für die Abfassung einer guten Facharbeit"? Sowohl der quantitative Bedarf an Erzieherinnen/Erziehern als auch die **Anforderungen an die Qualifikation** der Absolventen wird in absehbarer Zeit **steigen**, ein Hinweis darauf ist die Einführung des „Kindheitspädagogen" als Studiengang an Hochschulen sowie die zahlreichen Kooperationsprojekte zwischen Fachschulen und Hochschulen sowie die Zunahme berufsbegleitender Studiengänge und „Nichtschüler-Prüfungen", also die selbstständige Vorbereitung auf die Abschlussprüfung (z. B. in einem Fernstudium). Im Rahmen des lebenslangen Lernens werden auch zunehmend mehr „Staatlich anerkannte Erzieherinnen" ein Hochschulstudium aufnehmen. Es gibt Kindertagesstätten, die als Voraussetzung für die Übernahme der Leitungsposition durch eine Erzieherin ein berufsbegleitendes Studium der Kindheitspädagogik verlangen. Gerade für die Nicht-Abiturienten ist die Anfertigung einer Facharbeit mit wissenschaftlicher Methodik eine Vorbereitung auf ein Hochschulstudium, wobei hier auch die Beschäftigung mit Fachliteratur eine wichtige Rolle spielt. Ein Dozent einer Fachakademie sprach in diesem Zusammenhang von einem „40-prozentigen Zuwachs an Beschäftigung mit Fachliteratur" im Rahmen der Anfertigung der Facharbeit.

VOM THEMA ZUM TEXT

TEIL 2

4 Die Themenwahl

Die Themenfindung

Beginnen wir mit der wichtigsten Frage überhaupt: „Worüber soll ich schreiben?", oder besser gesagt: „Worüber will ich schreiben?" Wenn möglich, beginnen Sie schon lange vor dem offiziellen Termin für die Einreichung Ihres Themenvorschlags, über ein Thema nachzudenken, das Sie ausführlich und gründlich bearbeiten möchten. Scheuen Sie sich auch nicht, Ihre Dozenten schon frühzeitig zu fragen, ob ein bestimmtes Thema für sie denkbar wäre. Wenn Sie darüber zweifeln, worüber Sie schreiben könnten, gehen Sie systematisch vor:

Befassen Sie sich frühzeitig mit der Themenwahl!

Sind Sie während Ihrer Praktika in unterschiedlichen Einrichtungen einmal (oder mehrmals?) auf eine Frage oder ein Problem gestoßen, das Sie interessant fanden, das Sie aber nicht wirklich zufriedenstellend gelöst oder beantwortet fanden, das aber eine fachliche Bedeutung hat? Zum Beispiel: „Warum verhalten Kinder sich eigentlich so unterschiedlich in der Eingewöhnungsphase? Spielen die Eltern eine Rolle oder die Geschwisterkinder oder das Alter des Kita-Eintritts?"

Bearbeiten Sie eine Frage, die Sie schon immer beschäftigt hat …

Eine andere Möglichkeit, auf eigene Erfahrungen während eines oder mehrerer Praktika zurückzugreifen, ist auch, eigene Aktivitäten mit den Kindern noch einmal – und jetzt gründlich – zu reflektieren. Sie haben häufig Fingerspiele durchgeführt, weil Ihre Anleiterinnen einen großen Fundus davon hatten und weil Sie festgestellt haben, dass Sie mit Fingerspielen gut bei den Kindern „ankommen". Jetzt möchten Sie es aber genauer wissen und untersuchen die Frage, welcher Zusammenhang zwischen Fingerspielen und einem Bindungsaufbau besteht.

… oder bereiten Sie sich auf ein künftiges Arbeitsfeld vor

Oder Sie wählen ein Thema, das schon auf Ihre zukünftige Berufsperspektive verweist. Dann können Sie ein Interessensgebiet vertiefen, mit dem Sie sich auf Ihr künftiges Arbeitsfeld vorbereiten können. Wenn Sie z.B. vorhaben, in einer Waldkita zu arbeiten, können Sie über einen „Vergleich verschiedener pädagogischer Konzepte von Waldkitas" schreiben.
Sie können auch ein Thema wählen, das sicher keine völlig neue Problemstellung behandelt, das Sie selbst aber immer wieder wichtig finden, zum Beispiel „den konstruktiven Umgang mit Aggressionen" in einer ausgewählten Altersgruppe.

… oder suchen Sie ein Thema, das noch niemand bearbeitet hat!

Eine andere Möglichkeit, die einen besonderen Reiz hat: Sie sind auf eine Frage gestoßen, die bisher so noch nicht bearbeitet wurde, weil sie äußerst aktuell ist oder „sehr besonders". *Beispiel* für Fall 1: „Die Auswirkungen des Gebrauchs von Mobiltelefonen auf das Alltagsverhalten von Kindern", *Beispiel* für Fall 2: „Der Pornografiekonsum von Mädchen – eine Herausforderung für die Pädagogik." Beides wären Themen, für die es noch wenig Fachliteratur gibt, für die man sich auf Artikel aus (Fach-)Zeitschriften und auf eigene Untersuchungen stützen müsste.

Der Bezug auf das Praktikum ist auf jeden Fall sinnvoll.

TIPP Ein Thema aus dem Praktikum wählen

Erfahrungsgemäß beruhen die allermeisten Facharbeitsthemen auf eigenen Erfahrungen der Fachschülerinnen während eines vorausgegangenen Praktikums – und das ist auch gut so. Zu einem **„Praktikumsthema"** haben Sie Material und Fragestellungen aus erster Hand, Sie haben eigene Erfahrungen und Beobachtungen, Sie haben sich oft schon längere Zeit mental damit beschäftigt und das Thema hoffentlich auch bereits während des Praktikums mit Lehrkräften und/oder Mitstudierenden in einer Beratungsgruppe besprochen. Da Sie in der Einrichtung persönliche Kontakte geknüpft haben, können Sie dort noch einmal hingehen und ein Gespräch oder Interview mit den dortigen Fachkräften führen.

In jedem Fall beherzigen Sie zwei Punkte: Das Thema muss Sie interessieren, Sie müssen das Gefühl haben, jetzt endlich eine Frage gründlich zu beantworten, die Sie schon immer umtreibt. Und: Lassen Sie sich kein Thema „empfehlen", zu dem Sie keinen Bezug haben. Setzen Sie sich nicht unter den Druck, ein „großes Thema" bearbeiten zu müssen. In der Facharbeit sollen Sie unter Beweis stellen, dass Sie selbstständig ein sozialpädagogisches Thema mit wissenschaftlicher Methodik bearbeiten können, denn dies entspricht dem Grundverständnis des Erzieherberufs: Es gibt keine festen Anweisungen, wie in diesem oder jenem Fall zu verfahren ist. In vielen anderen Berufen gibt es genaue Wenn-dann-Verfahren: in der Verwaltung, im Handwerk, in medizinischen Berufen. **In pädagogischen Berufen muss jeder Sachverhalt neu beurteilt werden**, auf Grundlage theoretischen Hintergrundwissens, in Kenntnis der Bedürfnisse der beteiligten Personen, in einem bestimmten sozialen und kulturellen Kontext usw. Eine Facharbeit, in der Sie selbst etwas herausfinden, entspricht dem Grundverständnis Ihres Berufs, in dem Sie jeden Tag neu etwas selbst erarbeiten müssen. Daher ist es auch wichtig, im Team zu arbeiten, denn es gibt natürlich für viele Sachverhalte unterschiedliche Sichtweisen. Austausch und Diskussion darüber sind wesentliche Grundlagen Ihres Berufs. Deshalb ist es auch gut, über die Themenwahl und den Fortgang der Arbeit mit Gleichgesinnten zu sprechen, z.B. in Praxisberatungsgruppen.

Grenzen Sie das Thema ein …

Nehmen wir an, Sie wissen jetzt in etwa, worüber Sie schreiben möchten. Wie grenzen Sie das Thema ein? *Zweisprachigkeit* oder *Aggressionen* oder *Eingewöhnung* sind keine Themen, sondern Stichworte in einer Fachbibliothek, zu denen Sie zumeist mehrere Meter Literatur finden. **Sie sollten das Thema jetzt eingrenzen** auf einen bestimmte Aspekt, eine Altersgruppe, eine Situation. Beispiele zu diesen Eingrenzungen haben Sie oben schon gesehen. Aber: Welches ist die Richtige für Sie? Hier bietet sich eine Mindmap an oder eine **Tabelle** mit mehreren Spalten, in denen Sie als Spaltenüberschrift z.B. notieren: Eigene Erfahrungen mit dem Thema/Fragen zu diesem Thema/Persönliches Interesse an dem Thema/Bereits bekannte Literatur, Aufsätze, Filme zu dem Thema/Mögliche Fragestellungen zu dem Thema/Welche Beispiele sind mir dazu bekannt?/ …

… und beginnen Sie mit einer Materialsammlung.

Wichtig: der Austausch mit Ihren Lehrkräften.

Auf alle Fälle müssen Sie sich mit der Sie betreuenden Dozentin gut beraten. Es ist immer ratsam, zuerst ausdrücklich einen Vorschlag zu formulieren und erst im Gespräch mit der Dozentin den endgültigen Titel herauszuarbeiten. Bedenken Sie bereits zu diesem Zeitpunkt, was die hauptsächlichen **Materialgrundlagen** der Arbeit sein sollen:

- eigene Erkundungen/Umfragen/Beobachtungen,
- Fachliteratur, die Ihnen z.T. schon aus dem Unterricht bekannt sein sollte bzw. die in Ihrer Fachbibliothek vorhanden ist,
- aktuelle Zeitschriftenaufsätze aus Fachzeitschriften sowie die Internetrecherche,
- oder alle Quellen gleichermaßen.

Bedenken Sie auch, dass in der Facharbeit **Inhalte aus mehreren Lernfeldern** bearbeitet werden sollen, oft ist es ein Haupt-Lernfeld und ein Referenz-

Lernfeld oder Ähnliches. Wenn Sie mit dem Themenvorschlag zu Ihrer beratenden Dozentin gehen, sollten Sie deshalb schon die behandelten Themen und die entsprechenden Lernfelder notiert haben. Beim Thema „Zweisprachigkeit fördern" wären das zum Beispiel: Sprachentwicklung von Kindern, besonders von zweisprachig aufwachsenden Kindern; pädagogische Konzepte zur Sprachförderung; Alltagsangebote zur Förderung von Zweisprachigkeit.

Die Formulierung des Titels

Thema und Titel

Wenn Sie das Thema haben, müssen Sie den Titel formulieren. Natürlich können beide gleich sein, aber bei der Formulierung des Titels sollte man einiges im Voraus bedenken.

> **ANMERKUNG zur Formulierung des Titels**
> Im Allgemeinen wird der Titel der Facharbeit auf dem Abgangszeugnis vermerkt. Wählen Sie also eine Überschrift, mit der Sie sich gleichzeitig bei der Arbeitsplatzsuche selbst empfehlen können.
>
> Vielleicht steht der Titel in Bezug zum Arbeitsfeld (wie bei dem Beispiel mit der Waldkita), vielleicht kann die Facharbeit beim Einstellungsgespräch auch schon ein Thema sein: „Wie ich sehe, haben Sie sich schon besonders für Fragen der Zweisprachigkeit interessiert, das ist ja hochaktuell bei uns …". Der Titel der Facharbeit ist der persönlichste Teil des Abgangszeugnisses, vergewissern Sie sich also, dass Ihre „Visitenkarte" sich gut macht.
>
> Eine Schulsekretärin wies darauf hin, dass der Titel auch in das vorgesehene Feld des Zeugnisses passen muss – also: Keinen Dreizeiler verfassen, der möglichst differenziert und korrekt formuliert ist, sondern eher eine provozierende Frage, die Interesse weckt und die von einem erläuternden Untertitel (der nicht auf das Zeugnis kommt) ergänzt wird.

Titel und Untertitel

Es soll hier ausdrücklich darauf verzichtet werden, Beispielstitel von Facharbeiten aufzulisten, wie es in einigen Leitfäden der Fall ist. Der **Titel** ist oft nur ein Stichwortgeber, der die grobe Richtung angibt – die Erläuterung findet im **Untertitel** statt. Stattdessen sollten Sie die Möglichkeit nutzen, in der Bibliothek Ihrer Einrichtung Beispiele guter Facharbeiten einzusehen, also die gesamte Arbeit zu studieren, mit Inhalts- und Literaturverzeichnis. Viele *Fachschulen* haben dafür in ihrer Bibliothek gute oder sehr gute Facharbeiten eingestellt, wenn die Autorinnen oder Autoren damit einverstanden waren. Die Arbeiten dürfen in der Bibliothek eingesehen, aber nicht kopiert oder ausgeliehen werden. In den Bibliotheken der *Fachhochschulen* dagegen kann man Bachelorarbeiten aus dem Studienfach „Früherziehung" einsehen, denn Abschlussarbeiten an Hochschulen müssen öffentlich zugänglich gemacht werden. Auch Sie können dort einen Bibliotheksausweis erhalten.

Es ist sicherlich vorteilhaft, wenn schon im Titel die Elemente **Inhalt** (Die Bedeutung der Konfliktfähigkeit ...), **Zielgruppe** (für Kinder ...) und **Einrichtung** (im Elementarbereich) enthalten sind.

Der richtig formulierte Titel kann auch dazu dienen, sich selbst bei der Abfassung der Arbeit immer wieder zu disziplinieren, den Kerngedanken im Sinn zu behalten und nicht abzuschweifen. Titel wie „Die Förderung der kognitiven Entwicklung" sind viel zu allgemein und beschreiben einen Großteil der Arbeit von Erzieherinnen. Man sollte also zumindest eine Alterseingrenzung vornehmen oder auch eine bestimmte Methode, deren Wirksamkeit man untersuchen möchte (und kann, weil man damit vielleicht schon Erfahrungen hat). Also: Wir nehmen das Vorschulalter (Hauptthema) und wollen untersuchen, ob bestimmte Bewegungsangebote (Referenzthema) einen fördernden Einfluss haben. Ihre **These** ist also: Bestimmte Bewegungsangebote haben einen fördernden Einfluss auf die kognitive Entwicklung im Vorschulalter. Das muss so pauschal gar nicht stimmen. Aber auch wenn Sie noch so überzeugt davon sind, dass es stimmt: Sie müssen von der Möglichkeit ausgehen, dass es nicht stimmt. Denn erst dann werden Sie alles daran setzen, die **Richtigkeit der These zu beweisen**. Das ist mit der „Selbst-Disziplinierung" durch den Titel gemeint: „Haben bestimmte Bewegungsangebote einen fördernden Einfluss auf die kognitive Entwicklung von Vorschulkindern?". Das Fragezeichen erinnert Sie immer wieder daran, Begriffe genau zu definieren (Was sind überhaupt Bewegungsangebote? Was heißt kognitive Entwicklung? Welche Angebote sind hier gemeint? Ist ein Zusammenhang zwischen den Angeboten und der Entwicklung nachweisbar?) und sich immer wieder zu fragen, ob das, was Sie gerade schreiben, dem Ziel dient, nämlich der Beantwortung der Frage.

Wissenschaftliche Methodik heißt auch: immer wieder Fragen stellen ...

... und die Antworten belegen.

Kleines Hilfsmittel, um sich immer wieder an die Hauptfragen zu erinnern: Machen Sie es wie die Tatort-Kommissare: Schreiben Sie die wichtigsten Fragen und Überschriften mit Faserschreibern auf große (!) Zettel und pinnen Sie sie in Ihrem Zimmer an die Wände. Irgendwann sollten Sie aus dem oben genannten *langen* (Arbeits-)Titel in Absprache mit Ihrem Dozenten einen *griffigen* Titel formulieren, für den der Arbeitstitel nur noch der Untertitel ist: „Bewegungsangebote und kognitive Entwicklung von Kindern." Untertitel: „Haben bestimmte Bewegungsangebote einen fördernden Einfluss auf die kognitive Entwicklung von Vorschulkindern?"

> **ANMERKUNG zur Themenwahl in verschiedenen Fachschulen**
> Ein verbreitetes Vorgehen ist, dass die Fachschülerinnen ihren Mentoren einen Themenvorschlag zur Genehmigung vorlegen und in einem Beratungsgespräch erläutern. Eine andere Methode ist, dass die Fachschülerinnen ihre Themenwünsche aufschreiben und die Lehrerinnen unter sich ausmachen, für welche Themen sie die Betreuung übernehmen wollen.
>
> Eine Methode, von der abgeraten werden muss, ist, dass den Fachschülerinnen Listen mit Themen vorgelegt werden, von denen sie sich für eines zu entscheiden haben. Dies widerspricht dem Anspruch, dass *Erfahrungen aus der eigenen Praxis* als Grundlage für Abschlussarbeiten dienen sollten. Es widerspricht auch dem Grundgedanken der *Eigenverantwortlichkeit* für die Wahl von Schwerpunkten in der Ausbildung.

> **TIPP** Was Sie außerdem beachten sollten, bevor Sie mit der Arbeit beginnen: Sie weisen nach, dass Sie zu selbstständigen Problemlösungen in der Lage sind. Aber getreu dem Motto, dass man erst dann etwas wirklich verstanden hat, wenn man es anderen erklären kann, sollen Sie die erforschten Sachverhalte **auch für Nichtfachleute verständlich darstellen** und ihr Interesse an dem Thema wecken.

Eine Bemerkung zu Auslandspraktikanten

Vor- und Nachteile, die mit einem Auslandspraktikum einhergehen

Die Situation von Fachschülern, die im letzten Ausbildungsjahr ein Praktikum im europäischen Ausland mit dem Erasmus⁺-Programm der Europäischen Kommission verbringen, ist ausgesprochen ambivalent: Zum einen sind sie durch die Anforderungen des Praktikums sehr belastet, so müssen sie regelmäßige Berichte, zumeist wöchentlich, an ihre Ausbildungseinrichtung mailen und Material für einen ausführlichen Praktikumsbericht sammeln, sich gleichzeitig aber auf die Facharbeit vorbereiten. Dies ist eine ziemliche Belastung. Andererseits bieten sich die Erfahrungen des Praktikums in einem fremden Land für eine Facharbeit geradezu an. Häufig beziehen sich die Themen auf den Fremdsprachenerwerb oder die Mehrsprachigkeit, auf besondere pädagogische Konzepte oder einen Ländervergleich.[3]

Außerdem hat der Tutor den Praktikanten durch die intensive Beratung gut kennengelernt, das erleichtert die Zusammenarbeit bei der Beratung. Methodisch haben Auslandspraktikanten stets den „vergleichenden Blick" geübt, sie haben einen großen Themenfundus, sie haben gelernt, Dinge und Themen in Deutschland von außen zu sehen, das ist eine wichtige Voraussetzung für Wissenschaftlichkeit.

---

[3] Siehe dazu auch: Benjamin Daske: „Die Bedeutung nonverbaler Kommunikation für die pädagogische Arbeit in einer Kindertageseinrichtung" (in Slowenien), in: Beiträge aus der sozialpädagogischen Ausbildung, Nr. 4/2014, S. 23–34

5 Thema und Titel der Facharbeit

Wie aus einer vagen Vorstellung ein konkreter Titel (mit Untertitel) werden kann.

Am Anfang der Überlegungen steht häufig ein vage formuliertes Thema: „Ich würde gerne was über Waldkindergärten schreiben, weil ich da mal ein Praktikum gemacht habe und das sehr interessant finde. Vielleicht werde ich später mal in einem arbeiten, dann ist es sicher auch gut, wenn ich mich schon etwas tiefer damit beschäftigt habe. Aber das pädagogische Konzept der Waldkindergärten haben wir schon im Unterricht behandelt, das möchte ich nicht noch einmal durcharbeiten. Die Frage, ob Kinder in der Waldkita ebenso gut auf die Schule vorbereitet werden wie Kinder in einer Regelkindertagesstätte, ist schon oft genug behandelt worden. Ich bin auch nicht so der große Theoretiker. Aber über meine eigenen Erfahrungen soll ich in der Facharbeit ja auch nicht schreiben."

„Was interessiert Sie denn besonders an den Waldkindergärten?"

„Also, es ist ja so, dass die in den letzten Jahren unheimlich zugenommen haben, nicht nur in Deutschland, sondern auch in vielen anderen Ländern. Wie kommt das eigentlich? Sind die Eltern alle so naturbewusst? Oder ist das 'ne Mode? Hey, mein Kind ist vormittags in 'ner Waldkita und spielt nachmittags Violine?"

„Das ist doch eine gute Frage. Wollen Sie der vielleicht nachgehen?"

„Na schon, aber wie? Die Eltern fragen, bringt ja nicht viel, wäre wohl auch kaum eine Facharbeit. Und etwas Geschriebenes habe ich dazu noch nicht gesehen."

„Aber es wäre schon wichtig, die Motivation der Eltern zu kennen, um die Angebote zu verbessern, um eventuellen falschen Erwartungen entgegenzuarbeiten, um generell die Arbeit von Waldkitas zu fördern und zu verbessern …"

„Ja, schon, aber ich kann die Eltern in meiner alten Praktikumskita ja schlecht fragen, ob sie ‚öko' sind oder nur was ganz Besonderes für ihre Kids wollen."

„Also …"

„Ja, man müsste eine richtige Statistik machen, mit einer Umfrage und allem – aber wäre das eine Facharbeit?"

„Wie meinen Sie denn, wie wissenschaftliche Ergebnisse zustande kommen? Eine saubere Umfrage ist eine wissenschaftlich anerkannte Methode, um zu nachprüfbaren Ergebnissen zu kommen. Und das ist die erste Forderung an wissenschaftliches Arbeiten: dass die Ergebnisse mit nachprüfbaren Methoden zustande kommen."

„Ich müsste also einen Fragebogen entwickeln, der nicht nur eine Frage stellt, sondern viele Fragen enthält, die zusammengenommen die Motivation der Eltern klar machen."

„Genau."

„Und damit keiner sagen kann, das seien ja nur Zufallsergebnisse, müsste ich den Fragebogen an mehrere unterschiedliche Waldkitas schicken."

„Jawohl."

„Besonders interessant wäre es jetzt natürlich, die Erzieherinnen auch noch zu fragen, weshalb sie in dieser Kita arbeiten, was ihre pädagogischen Ziele sind. Das wäre doch wichtig zu sehen, ob es da unterschiedliche oder widersprüchliche Erwartungen gibt."

„Genau."

„Aber das alleine wäre wohl noch keine Facharbeit?"

„Nein, Sie müssten noch nachweisen ..."

„... dass ich wirklich was von Waldkitas verstehe, denn nur dann kann ich ja die richtigen Fragen stellen. Und die Arbeit soll auch für Leute verständlich sein, die nicht unbedingt die Spezialisten für Waldkitas sind."

„Richtig, das ist ein weiteres Kriterium für eine wissenschaftliche Arbeit, dass Sie den aktuellen Forschungsstand zu dem Thema kennen und Ihrer Arbeit zugrunde legen, und dass Sie ihn selbstständig zusammenfassen und darstellen können. Und wenn Sie alle Ergebnisse zusammengetragen haben, was dann?"

„Dann muss ich daraus Schlussfolgerungen ziehen, also die Ergebnisse interpretieren und schauen, ob das eventuell etwas für die Praxis bedeutet - dass zum Beispiel die Waldkitas besser auf Bedürfnisse der Eltern eingehen können oder bessere Infos über ihre Arbeit machen können oder ob die Zusammenarbeit verbessert werden kann."

„Ja, und wenn Sie die Abschlussprüfung hinter sich haben und eine Stelle suchen?"

„Dann kann ich zu der Kita hingehen und ihnen die Arbeit zeigen und ganz cool sagen: ‚Ich habe mich übrigens schon sehr intensiv mit dem Konzept und der Elternarbeit in Waldkitas beschäftigt!'"

„So, jetzt haben Sie das Thema – Waldkindergärten – und die Aufgabenstellung: Welche Motivationen haben Eltern, die ihre Kinder in Waldkitas schicken, und haben die Erzieherinnen die gleichen Vorstellungen wie die Eltern?"

„Hört sich noch etwas holprig an. Vielleicht ‚Waldkitas: Die Erwartungen von Eltern und von Erzieherinnen'. Das ist nicht ganz präzise, aber dafür gibt es ja die Einleitung, in der ich meine Ziele und die angewandten Methoden darstellen und begründen kann."

„Genau. So machen Sie das."

> ZUSAMMENGEFASST Die Studierende in diesem Beispiel

- hat eigene Erfahrungen auf diesem Arbeitsgebiet gemacht,
- hat ein Interesse daran, an dem Thema weiterzuarbeiten, weil sie von der Materie begeistert ist und
- weil sie sich damit eventuell auf ihr zukünftiges Arbeitsfeld vorbereiten möchte,
- sie ist motiviert, sich mit der grundlegenden Theorie der Waldkindergärten vertiefend auseinanderzusetzen,
- aber sie wird bei diesem aktuellen Thema auch auf Beiträge in einschlägigen Fachzeitschriften zurückgreifen,

- sie benutzt ihre Kontakte, um eine einfache wissenschaftliche Untersuchung durchzuführen, und
- sie kommt (hoffentlich) zu überprüfbaren, anwendungsbezogenen Ergebnissen.

ANMERKUNG Facharbeiten sollen in der Regel Inhalte aus unterschiedlichen Lernfeldern umfassen. Dies wären im vorliegenden Fall:
- LF 2: Pädagogische Konzepte: Waldkindergärten
- LF 4: Umweltbildung
- LF 5: Zusammenarbeit mit Eltern/Erziehungspartnerschaft

Beratungsgespräche mit Dozenten/Tutoren

Der erste Beratungstermin: In aller Regel steht am eigentlichen Beginn der Arbeit ein Beratungsgespräch mit einer betreuenden Dozentin oder Tutorin oder Fachschullehrerin. Dies kann ein Einzel- oder Gruppengespräch sein, zu dem Sie als Fachschülerin eine Idee für die Arbeit bzw. das Thema der Arbeit mitbringen sollten. Dieses Gespräch ist zumeist verpflichtend oder sollte es zumindest sein, denn hier werden die Weichen für die Facharbeit gestellt. **Sie selbst** sollten zu diesem Gespräch einen oder noch besser zwei Themenvorschläge mitbringen, mit einer kurzen Begründung, warum Sie eines davon bearbeiten wollen und mit welchem Ziel. **Ihre Lehrerin** sollte erklären, welche Erwartungen und Beurteilungsmaßstäbe sie hat, und wie der Fortgang der Beratungen sein soll. Sie sollte auch, wenn dies nicht schon in der Klasse geschehen ist, über den Prüfungsverlauf und über das Kolloquium aufklären.

Falls von der Schule kein Beratungstermin angeboten wird, sollten Sie darum bitten.

Zum zweiten Beratungstermin sollten Sie das ausformulierte Thema bzw. den Titelvorschlag mitbringen und sich Gedanken über die Schwerpunktsetzung gemacht haben. Erwarten Sie nicht, dass Ihre Lehrerin Ihnen ein Thema vorschlägt oder sogar vorschreibt! Wie sollte sie eine Arbeit beurteilen, von der sie selbst offenbar schon eine Vorstellung hat? Es ist vorteilhaft, diese Gespräche in der Gruppe, also etwa mit vier Fachschülern, durchzuführen – dies ist zumeist auch die Beratungsgruppe ihrer Lehrerin. Die Themenvorschläge und Bearbeitungsmethoden Ihrer Mitstudierenden können Ihnen sehr wertvolle Anregungen für die eigene Arbeit geben!

Zum dritten Beratungstermin sollten Sie einen Arbeitsplan (Zeitplan) mitbringen, eine vorläufige Gliederung sowie Vorschläge für Grundlagenliteratur bzw. Arbeitsmethode. Hören Sie gut zu, wie Ihre Lehrerin dies kommentiert. Sie wird Ihnen kaum konkrete Hinweise auf Literatur oder direkte Kommentare zu Ihrer Gliederung sagen, aber Sie können zwischen den Zeilen bestimmt viele Hinweise erkennen. Erwarten Sie keine konkreten Hinweise zur Gliederung, zu Schwerpunkten, zu Methoden oder Literatur. Es ist „Ihre" Arbeit und Ihre Lehrerin möchte von Ihnen bei der Abgabe der Arbeit bestimmt nicht den Satz hören: „Ich habe alles genau so gemacht, wie Sie es gesagt haben!"

Die Beratungen inkl. kurzer Protokolle geben Lehrern & Schülern im weiteren Verlauf Sicherheit.

Diese drei Beratungstermine sollten protokolliert werden – Zeit, Teilnehmer, Hauptpunkte, eventuell Aufgaben. Spätestens nach der dritten Beratung sollte der Titel mit Untertitel offiziell genehmigt werden (siehe Vorschlag für einen Vordruck in Kap. 18). Damit ist die Beratung abgeschlossen. „Hilfestellungen" für einzelne Fachschülerinnen dürfen schon aus Gründen der Gleichbehandlung nicht stattfinden. Aber wie engmaschig sollte der weitere Kontakt zwischen Fachschülerin und Lehrerin gestaltet werden? Auf jeden Fall sollte man regelmäßig seiner Tutorin kurz über den Fortgang der Arbeit berichten. Dies soll verhindern, dass eine Studierende mit Arbeitsschwierigkeiten wochenlang sagt: „Alles ist gut", also ein Fortkommen vortäuscht, um dann zum Schluss große Probleme zu bekommen. Weiterhin soll sich die Lehrerin auch vergewissern, dass die Fachschülerin wirklich Arbeitsfortschritte macht, um zu verhindern, dass sie am Schluss eine fertige Arbeit aus der Tasche zieht, die sie nicht selbst geschrieben hat. Aber es darf auch kein Beratungsdruck mit regelmäßiger Berichterstattung entstehen, denn dies würde Sie entmündigen.

ANMERKUNG

Wichtig ist es in jedem Fall, dass Sie regelmäßig mit anderen fachkundigen Menschen über Ihre Arbeit sprechen, seien es Mitstudierende oder andere Bekannte.

Dabei können Sie überprüfen, ob Ihre Ausführungen bei den Adressaten „ankommen", ob Ihre Argumentation also verständlich und nachvollziehbar ist, und Sie können aus Gegenfragen verständiger Zuhörer eine Menge Anregungen gewinnen.

6 Die Teile und der Aufbau der Facharbeit

6.1 Die Einleitung

Die Einleitung ist mehr als nur eine Einstimmung des Lesers, sie nimmt eine Schlüsselstellung in der Arbeit ein (deshalb erscheint es unverständlich, weshalb einige Leitfäden der Einleitung die Ordnungszahl „0" zuordnen). In der Einleitung wird das Ziel der Arbeit genannt, wird das Verfahren vorgestellt und der Aufbau erläutert. Dazu kann noch die persönliche Motivation genannt werden, sich mit dem Thema zu beschäftigen, das Thema kann eingegrenzt werden und themabezogene Definitionen können gegeben werden. Die Einleitung bereitet den Leser also darauf vor, was zu erwarten ist, und der Gutachter kann überprüfen, ob die genannten Erwartungen in der Arbeit erfüllt wurden. Die Einleitung ist, neben dem Schlussteil, auch der Ort, wo die Autorin oder der Autor in der „Ich"-Form schreiben kann, im Hauptteil sollte eine sachlich-neutrale Form vorherrschen. Es folgen zwei unterschiedliche Beispiele.

Beispiel 1: Eine kurze Einleitung zu einer Facharbeit

„Über ‚virtuelle Freundschaften' in der Grundschule"

Von Anna Blödow (2013)

In meinem letzten Praktikum an einer Berliner Grundschule habe ich erlebt, dass bereits viele Grundschulkinder im Alter von sechs bis zwölf Jahren[4] Nutzer sozialer Netzwerke wie beispielsweise Facebook sind. Die Kinder behandeln reale Themen bzw. Konflikte auf sozialen Plattformen und unter den Augen der Öffentlichkeit oder transportieren Themen und Konflikte, die in der virtuellen Welt entstanden sind, am nächsten Schultag wieder in die reale soziale Welt. Das finde ich spannend, denn gerade im Grundschulalter ist die Entwicklung von Freundschaften ein ganz entscheidender Prozess der Identitätsbildung. Für mich stellen sich die folgenden beiden Fragen: Was ist der Unterschied zwischen virtuellen und realen Freundschaften? Und: Kennen Grundschulkinder diesen Unterschied? Ich gehe davon aus, dass, wenn Kinder soziale Netzwerke nutzen, dies Auswirkungen auf ihre Identitätsentwicklung hat.

In dieser kurzen Einleitung stellt die Autorin die Aktualität des Themas, ihre Motivation, ihre Ziele und Methoden dar.

Das Thema, „Grundschulkinder in sozialen Netzwerken" zu bearbeiten war insofern schwierig, da dieses Phänomen, vielleicht aufgrund der Aktualität, noch wenig erforscht ist, dennoch ist es aus meiner Sicht für praktizierende und angehende Pädagoginnen und Pädagogen besonders wichtig. Ich denke, um Kinder im Umgang mit sozialen Netzwerken

[4] In Berlin ist die Grundschule grundsätzlich 6-jährig organisiert. Insofern reicht die Altersspanne bis etwa zum 12. Lebensjahr (Fußnote von A.B.).

zu sensibilisieren und sie dabei zu unterstützen, die entsprechende Medienkompetenz aufzubauen, so dass eine Identitätsentwicklung gelingen kann, muss ich mich zunächst selbst damit auseinandergesetzt haben.

Um zu klären, welche Bedeutung die Identitätsentwicklung und in ihr besonders die Entwicklung von Freundschaftskonzepten für Kinder hat, werde ich jeweils kurz auf die Theorie von Erik H. Erikson und auf die Gedanken von James Youniss eingehen. Anschließend werde ich meine Fragestellung von der Medienseite her beleuchten und – ebenfalls in gegebener Kürze – erläutern, was soziale Netzwerke sind und welche Erkenntnisse medienpädagogische Studien bieten.

Während meines Praktikums führte ich mit einigen Schülerinnen und Schülern ein relativ intensives Projekt durch, in dem ich einige Fragen zum Thema stellte und eine Reihe von interessanten Antworten erhielt. Dieses Projekt werde ich vorstellen und die Ergebnisse erörtern und fachlich einordnen. Dabei werden verschiedene Facetten des Themas beleuchtet und die pädagogische Relevanz verdeutlicht.

In dieser relativ knappen Einleitung wird deutlich, dass es sich hierbei um ein sehr aktuelles Thema handelt, für das noch nicht viel Literatur vorliegt und sich die Autorin deshalb auf eigene Erfahrungen stützt. Im Hauptteil geht die Autorin deshalb auf ein Projekt zum Thema „Soziale Netzwerke" ein, das sie an ihrer Praktikumsschule durchführte.

Beispiel 2 steht für eine Einleitung zu einer mehr theoretisch orientierten Arbeit, die trotzdem eigene Erfahrungen während des 5-monatigen Praktikums reflektiert und auch eigene biografische Anteile in die Reflexion einfließen lässt:

„Ist das innere Arbeitsmodell von Bindung eines jungen Volljährigen veränderbar?"

Von Nora Mudrack (2014)

Motivation

Diese ausführliche Einleitung folgt im Wesentlichen der gleichen Struktur wie die vorhergehende.

Das Gebiet der Bindungstheorie begleitet meine pädagogische Laufbahn schon seit Beginn des zweiten Semesters der Ausbildung zur staatlich anerkannten Erzieherin. In diesem Semester konnte ich mir einen ersten Überblick über die Thematik verschaffen. Im Laufe der Ausbildung setzte ich mich vermehrt mit einzelnen Aspekten der Bindungstheorie auseinander und gelangte zu der Überzeugung, dass dieses Thema für die allgemeine sozialpädagogische Arbeit von wesentlicher Bedeutung ist. Ich finde es sehr interessant, dass die frühen Kindheitserfahrungen mit den Bezugspersonen, in den meisten Fällen den Eltern, solch entscheidenden Stellenwert in der Entwicklung des Individuums und für die

Gestaltung des Lebens haben können. In den ersten Lebensjahren steckt viel Entwicklungspotenzial, viele Fundamente können gelegt werden. Es kann so vieles, um es leicht modernisiert mit dem britischen Psychoanalytiker Donald W. Winnicott zu sagen, durch nicht „genügend gute Mütter und Väter" negativ beeinflusst werden. Mein Interesse an diesem Themenbereich begründet sich aus dem Glauben daran, dass durch neue bzw. andere Beziehungserfahrungen den Jugendlichen in der Bewältigung ihrer individuellen Problematiken stärker geholfen werden kann.

Zielsetzung und Aufbau

Das Ziel dieser Arbeit ist es, aufzuzeigen, ob und inwieweit das innere Arbeitsmodell von Bindung durch eine professionelle Beziehung zum Klienten veränderbar ist. Darüber hinaus möchte ich dem Leser einen Perspektivenwechsel ermöglichen. Das gezeigte „auffällige" Verhalten einzelner Jugendlicher, junger Volljähriger, aber natürlich auch von Kindern, stellt nur in den seltensten Fällen einen direkten und persönlichen Angriff auf die sozialpädagogische Fachkraft dar. In den meisten Fällen handelt es sich um einen Mangel an adäquaten Verhaltensstrategien, die den Klienten fehlen. Demnach plädiere ich mit meiner Arbeit für mehr Verständnis und Offenheit und für weniger Engstirnigkeit und Schubladendenken. Um eine bessere Verständlichkeit und Transparenz in der Thematik zu erzielen, werde ich mich eines konkreten Fallbeispiels aus der Praxis bedienen. Der Aufbau der Arbeit wird sich wie folgt gestalten. Zu Beginn wird T., ein 19-jähriger junger Volljähriger, vorgestellt. Dazu werde ich seinen mir bekannten biografischen Hintergrund beleuchten, um anschließend auf den derzeitigen Verlauf der Hilfe innerhalb der TWG [Therapeutische Wohngemeinschaft, W.D.] einzugehen. Bei der TWG handelt es sich um die therapeutische Jugendwohngruppe „N.N." von „N.N. e.V", in der ich mein 5-monatiges Wahlpraktikum im dritten Ausbildungsjahr absolviert habe. Ich werde kurz auf die konzeptionellen und strukturellen Merkmale der TWG eingehen, damit der Leser einen Gesamteindruck von T. und seiner Lebenssituation bekommt. Im dritten Kapitel werden zusammenfassend die theoretischen Grundlagen über die Bindungstheorie dargestellt. Des Weiteren wird das innere Arbeitsmodell von Bindung erklärt und erstmals der Frage der Veränderbarkeit nachgegangen. Nachfolgend soll die professionelle Beziehungsgestaltung anhand des therapeutischen Milieus beschrieben und die Relevanz von Strukturen und Regeln in der TWG näher erläutert werden. Im Kapitel Schlussfolgerungen für die Praxis werden die beschriebenen Verhaltensmuster von T. mit der dargestellten Theorie in Verbindung gesetzt. Darüber hinaus werde ich beschreiben, welches Verhalten seitens der Bezugsbetreuerin von T. angemessen wäre, um eine anfängliche Veränderung erzielen zu können. Darauf aufbauend wird dargelegt, wie eine Veränderung des inneren Arbeitsmodells von Bindung bei T. sichtbar werden könnte. Zum Abschluss werden die Ergebnisse im Hinblick auf die

Diese Anonymisierung wurde erst für die Veröffentlichung vorgenommen – im schulinternen Gebrauch werden nur die Namen von Kindern & Mitarbeitern anonymisiert.

Fragestellung zusammengefasst. Dabei wird versucht, zu einer allgemein anwendbaren Aussage zu gelangen.

Es ist ratsam, vor Beginn des Hauptteils einen Entwurf für die Einleitung zu verfassen, sie jedoch erst nach Fertigstellung des Hauptteils fertigzustellen, da erfahrungsgemäß beim Schreiben noch die eine oder andere Argumentation hinzukommt.

6.2 Der Hauptteil

Der Hauptteil ist das Herzstück Ihrer Facharbeit. Hier erarbeiten Sie in kritischer Auseinandersetzung mit vorhandener Fachliteratur zu Ihrer Fragestellung Ihre eigenen Positionen, die Sie auf sachliche Weise argumentativ begründen. Ihr Ziel ist die Entwicklung eines Lösungsweges zu Ihrer Problemstellung; diese Entwicklung sollten Sie fachmethodisch korrekt unter Einbeziehung Ihrer fachpraktischen Erfahrungen und Kenntnisse darstellen.

(aus: Leitfaden Pestalozzi-Fröbel-Haus, 2011)

Die eigentliche Auseinandersetzung mit dem Thema findet also im Hauptteil Ihrer Arbeit statt. **Im ersten Teil** stellen Sie zuerst unter Beweis, dass Sie mit dem theoretischen Bezugsrahmen Ihrer Fragestellung vertraut sind – und nicht nur das, Sie verwenden auch die relevante Grundlagenliteratur auf einem neuen Stand.
Als Beispiel dient ein Inhaltsverzeichnis zum Thema Jugendgewalt, Titel „Prävention von Jugendgewalt in der Ganztagsschule“:

2 Gewaltfördernde Faktoren bei Jugendlichen

2.1 Sozialisationsbedingungen als gewaltfördernde Risikofaktoren

2.1.1 Der Einfluss von Familienstrukturen

2.1.2 Geschlechtsspezifische Faktoren

2.2 Der Einfluss der außerfamilialen sozialen Umwelt

2.2.1 Peer Groups

2.2.2 Einfluss von Unterhaltungsmedien und sozialen Medien

3 Darstellung schulischer Präventionspraxis

3.1 Begriffliche Bestimmung der Gewaltprävention

3.2 Schulische Präventionsansätze

Diese ersten Kapitel des Hauptteils erfüllen demzufolge die Forderung aus einem Leitfaden:

Im theoretischen Bezugsrahmen nehmen Sie Begriffsbestimmungen vor und stellen das von Ihnen ausgewählte, relevante Fachwissen bzw. die fachbezogenen Theorien geordnet dar, die Sie zur Planung, Analyse und Reflexion Ihrer Praxis heranziehen.

(aus: Leitfaden Anna-Warburg-Schule, 2015)

Hiermit erfüllen Sie wichtige Forderungen wissenschaftlichen Arbeitens: Sie legen Ihren theoretischen Bezugsrahmen offen, Sie zeigen, dass Sie die wesentliche Fachliteratur herangezogen haben und kennen, und stellen unter Beweis, dass Sie die für Ihre Zwecke relevanten Anteile aus der Fachliteratur verstanden haben und zusammenfassend darstellen können.

Ein wichtiger Aspekt ist hierbei die Auswahl der richtigen Literatur, mit der Sie wesentliche Aussagen im Text belegen. Hier zeigen Sie Ihre Kompetenz im Umgang mit der Fachliteratur.

Der nächste Teil wird häufig eine Darstellung einer sozialpädagogischen Einrichtung unter einem bestimmten Aspekt oder Fragestellung sein, oder einer praktischen Erfahrung, eines Angebots oder einer pädagogischen Problemstellung.

Beispiele:

- Die Ganztagsschule als Lern- und Lebensumwelt in Bezug auf Lernmotivation
- Zusammenarbeit mit Eltern in der Clearingstelle xyz
- Welche Kompetenzen erfordert das selbstbestimmte Lernen und wie können diese von den Kindern bewältigt werden? Mit Beispielen aus der Praxis der Freien Demokratischen Schule N.N.
- Anforderungen an die Erzieher an offenen Ganztagsgrundschulen

Hierbei zeigen Sie, dass Sie den sozialpädagogischen Arbeitsbereich, in dem Ihre Fragestellung/Ihre Untersuchung angesiedelt ist, relativ kurz und korrekt darstellen können, nicht nur als Institution, sondern unter einem bestimmten pädagogischen Blickwinkel, wie in den oben genannten Beispielen erkennbar. Diese Fähigkeit sollte in den Praxisberichten der vorangehenden Semester geübt worden sein! Neben wissenschaftlicher Literatur zu der jeweiligen Fragestellung („Zusammenarbeit mit Eltern" ...) können Sie hier Konzepte oder Handreichungen der jeweiligen Träger verwenden.

ANMERKUNG Lassen Sie sich nicht durch Bemerkungen einschüchtern, das Konzept wäre vertrauliches Material, das nicht für die Öffentlichkeit bestimmt sei. Erstens ist eine Facharbeit nicht öffentlich, und zweitens unterliegen nur Materialien, die auf konkrete Personen Bezug nehmen oder die haushaltsrechtlicher Natur sind, den Vorschriften des Datenschutzes.

Im letzten Teil des Hauptteils sollten Sie sich nun der Problemlösung aus der Themenstellung nähern, indem Sie auf der Grundlage der konkret vorgefundenen Praxis unter Bezug auf die theoretisch-wissenschaftlichen Erkenntnisse zu einem Lösungsvorschlag kommen, oder, wie es der Leitfaden aus Hamburg formuliert:

> **Verknüpfen Sie nun Ihr Fachwissen mit Ihrer Praxis,** indem Sie Ihre praktischen Erfahrungen mit Hilfe des erarbeiteten Fachwissens bzw. der Fachtheorie reflektieren. Wenden Sie das erarbeitete Fachwissen bzw. die Theorie auf Ihre Handlungssituation an. Zeigen Sie, inwiefern Sie mit Fachwissen/Theorie zu einem tieferen Verständnis Ihrer Praxis gelangt sind und entwickeln Sie ggf. fachlich begründete Handlungsalternativen. Stellen Sie Ihre methodischen Kompetenzen und Ihr Reflexionsvermögen unter Beweis und entwickeln Sie Ihre professionelle Haltung weiter!
>
> (aus: Leitfaden Anna-Warburg-Schule, 2015)

Beispiele:
- Umsetzungsmöglichkeiten der Präventionsarbeit am Beispiel der XY-Grundschule – vorrangig durch spielerische Tätigkeiten.
- Vom Wert der zirkuspädagogisch-clownesken Arbeit mit Kindern im Übergang.
- Pädagogische Interventionsmöglichkeiten [zum Thema „Aggressionsentwicklung an deutschen Schulen].

> **ANMERKUNG** Insbesondere die hier genannten Beispiele und Anforderungen an den Hauptteil Ihrer Arbeit stellen nur Anregungen dar! Gerade der Hauptteil hat in Bezug auf Aufbau, Argumentation und die Abfolge der einzelnen Teile den größten Spielraum, je nach Komplexität der Themenstellung.

6.3 Der Schluss

Das letzte Kapitel stellt eine Zusammenfassung der wesentlichen Erkenntnisse der vorangehenden Untersuchung dar und enthält Überlegungen dazu, welche Schlussfolgerungen sich daraus ergeben.

Dies kann, wie im ersten Kapitel, in der Ich-Form geschehen, denn es wird ja von einer konkreten, selbst angefertigten Untersuchung ausgegangen und es soll deutlich werden, dass die Erkenntnisse dieser Arbeit Auswirkungen auf die pädagogische Praxis der Autorin haben – aber auch Allgemeingültigkeit besitzen.

Im Schlussteil …

- fassen Sie Ihre gewonnenen Ergebnisse/Kerninhalte systematisch zusammen (Resümee). Leitfragen dabei können sein:
  - Welche Erkenntnisse haben Sie gewonnen?
  - Welche Lösung, welche Antworten haben Sie für das von Ihnen formulierte Problem gefunden? Nehmen Sie dazu ggf. eine Bewertung vor.
  - Haben Sie in Ihrer Facharbeit erreicht, was Sie sich vorgenommen haben?
  - Welche Vorgehensweisen bei der Suche nach Literatur waren ergiebig, welche nicht? Welche Gespräche mit Expertinnen oder Experten haben Ihnen etwas gebracht, welche nicht?
  - Fassen Sie die Erkenntnisse der einzelnen Kapitel zusammen und verdeutlichen Sie deren Zusammenhänge in Bezug auf die Aufgabenstellung.
- spannen Sie einen Bogen zur einleitend formulierten Fragestellung und/oder Hypothese,
- reflektieren Sie eventuell Ihr methodisches Vorgehen kritisch,
- geben Sie einen Ausblick auf zukünftige Entwicklungen bezüglich Ihres Themas.
  - Sie weisen auf noch ungeklärte Fragen hin. Ergeben sich daraus weitere Anlässe und Themen für Ihr Nachdenken und Handeln?

Welche Schlussfolgerungen ergeben sich aus den gewonnenen Erkenntnissen für Ihre künftige berufliche Arbeit als Erzieherin oder Erzieher?

(Pestalozzi-Fröbel-Haus, 2011)

Wichtig: der Handlungsbezug!

Ein Beispiel für das Eingehen auf einige dieser Anforderungen – das Schlusskapitel einer Facharbeit:

„Die Bedeutung der nonverbalen Kommunikation für die pädagogische Arbeit in einer Kindertagesstätte" [5]

Von Benjamin Daske (2014)

Ich habe in dieser Arbeit versucht, den Stellenwert der nonverbalen Kommunikation für die Arbeit im Kindergarten herauszustellen. Dafür habe ich zuerst mithilfe der Kommunikationstheorien von Watzlawick und Schulz von Thun verdeutlicht, welche Bedeutung die nonverbale Kommunikation für die gesamte zwischenmenschliche Kommunikation hat. Dabei wurde deutlich, dass besonders der sozial-emotionale Ausdruck über nonverbale Signale stattfindet. Besonders herauszuheben sind meines Erachtens die Unterscheidung in digitale und analoge Kommunikation

[5] Der Autor bezieht sich in dieser Arbeit auf seine Erfahrungen während eines 5-monatigen Auslandspraktikums in einer Einrichtung in der Slowakei.

bei Watzlawick, der Beziehungsaspekt in beiden Theorien und das Ziel einer kongruenten Kommunikation bei Schulz von Thun. Im nächsten Schritt habe ich an Beispielen aus der Praxis dargelegt, in welchen praktischen Situationen die nonverbale Kommunikation Einfluss auf das pädagogische Handeln hat. An den einzelnen Beispielen ist zu erkennen, dass die nonverbale Kommunikation vor allem die Erzieher-Kind-Beziehung mitgestaltet. So können durch einen bewussten Umgang mit der nonverbalen Kommunikation Missverständnisse vermieden und Konflikte konstruktiv gelöst werden. Es wurden dabei konkrete, alltägliche Situationen im Kindergarten erläutert, in denen die nonverbale Kommunikation beobachtet und interpretiert werden kann.

Im „untersuchenden" Teil seiner Arbeit hat der Autor mehrere Situationen genau beobachtet, dokumentiert und interpretiert.

Die von mir beobachteten und niedergeschriebenen Situationen wurden erst einmal nur von mir wahrgenommen und interpretiert. Aus meiner Sicht fehlt dabei aber die Objektivität bzw. die Intersubjektivität, um daraus konkrete Schlüsse für die pädagogische Arbeit ziehen zu können. Um diese zu erreichen, bedarf es meines Erachtens eines konstruktiven Austausches mit allen beteiligten Personen. Dies wiederum setzt ein gewisses Bewusstsein im Umgang mit dem Thema der nonverbalen Kommunikation voraus. Da ich dieses Bewusstsein für mich eigenmotiviert aufgebaut und gleichzeitig während meines Praktikums erfahren habe, was es bedeutet, wenn dieses Bewusstsein bei anderen Personen nicht oder nur wenig vorhanden ist, konnte ich nur vereinzelt mit meinen Beobachtungen in ein konstruktives Gespräch mit den anderen Personen gehen.

Ich betrachte den bewussten Umgang mit der nonverbalen Kommunikation als eine zu erlernende Technik, deren Anwendung allerdings mit Verantwortung verbunden ist. So stellt ein bewusster Umgang mit der eigenen Persönlichkeit, den eigenen Werten, Emotionen und pädagogischen Zielen eine Grundlage für diese Technik dar. Möchte der Erzieher ein kongruentes Verhalten und somit auch eine kongruente Kommunikation mit dem Kind erreichen, müssen die inneren Bewertungen des Erziehers mit seinen verbalen und nonverbalen Signalen übereinstimmen. Durch diese Kongruenz entsteht Authentizität und somit ein konstruktives, empathisches Verhalten. Somit verorte ich die Aufgaben des Erziehers in einem bewussten Umgang mit dem Thema „nonverbale Kommunikation". Das beinhaltet die Kenntnis von Kommunikationsstrukturen und gleichzeitig das Bewusstwerden über die eigene Persönlichkeit. Beides zusammen kann sowohl die verbale als auch die nonverbale Kommunikation im Kindergarten erleichtern und zu einem Erfolg im Sinne des Erziehers und des Kindes führen.

6.4 Der Anhang

Der Anhang oder Materialteil folgt auf das Literaturverzeichnis. Er kann Dokumente enthalten, die in einem Zusammenhang mit dem Text stehen oder auf die im Text verwiesen wurde (z. B. ein Elternbrief, Fotos oder Kopien von Kinderarbeiten), er kann umfangreiche Darstellungen oder Tabellen enthalten oder auch Beobachtungsprotokolle, einen Tagesablauf oder ein transkribiertes Interview. Der Anhang wird nicht auf die Seitenzahl der Facharbeit angerechnet, sollte jedoch durchnummeriert sein. Im Inhaltsverzeichnis sollen die einzelnen Bestandteile des Anhangs aufgeführt werden.

Mit den Materialien im Anhang unterstützen Sie die Argumentation wirkungsvoll. So können Sie in der Arbeit auf den Anhang verweisen (z. B. „Vgl. Elternbrief im Anhang" oder per Fußnote).

ANMERKUNG zu den Anforderungen
Die in Kap. 6.1–6.4 vorgestellte Übersicht über die Anforderungen kann natürlich nach den Anforderungen verschiedener Bundesländer variiert werden, z. B. durch das Erfordernis eines Handlungs- bzw. Praxisbezugs: „Welche Folgerungen für die Einrichtung hinsichtlich der Notwendigkeit von Teamfortbildungen entstehen aus diesen Ausführungen?"

6.5 Der Praktikumsbericht als Facharbeit

Allgemein gilt für einen Praktikumsbericht als Abschlussarbeit Ähnliches wie für Facharbeiten generell. Das betrifft die Empfehlung zum Führen eines pädagogischen Tagebuchs (siehe Kap. 9) ebenso wie die Zeitplanung, die Literaturauswahl, die Untersuchungsmethoden und die äußere Gestaltung.

Die Besonderheit eines Praktikumsberichts, wie er in einigen Bundesländern als Abschlussarbeit erwartet wird, besteht jedoch darin, dass Inhalt und Aufbau **stärkeren Gestaltungsrichtlinien folgen**. Im Allgemeinen enthält er die folgenden Bestandteile:

- eine Beschreibung der Einrichtung
- die Begründung für die Wahl der Praxisstelle
- eine selbst durchgeführte Beobachtung und/ oder
- eine selbst angeleitete Aktivität oder ein Projekt
- ein Schwerpunktthema
- eine Reflexion der Berufsrolle in dem Arbeitsfeld des Praktikums sowie
- eine Reflexion des Praktikums mit zentralen Lernerfahrungen

Die genauen Anforderungen an die Inhalte des Berichts sind sowohl von dem Arbeitsfeld abhängig, in dem das Praktikum stattgefunden hat, wie von den Leitfäden der jeweiligen Fachschule/ Fachakademie, wobei auch berücksichtigt werden muss, welche Anforderungen bereits in den vorangegangenen Praktika gestellt wurden.

Zum Punkt „Beschreibung der Einrichtung": Hier wird eine Beschreibung der Einrichtung, der Gruppe und der Konzeption erwartet sowie der Lage und des sozialen Umfelds und des Einzugsgebiets. Der Umfang dieses Teils sollte sehr differenziert gestaltet werden. In Regeleinrichtungen kann dies recht knapp erfolgen, anders sieht es bei Einrichtungen aus, die ein sehr individuelles Profil haben – freie Schulen, therapeutische Wohngemeinschaften und Ähnliches. Wenn die Gestaltung der Einrichtung selbst zum Schwerpunkt wird, der Untersuchungsgegenstand also das Raumkonzept der Einrichtung ist, dann muss der Beschreibung der Einrichtung bedeutend mehr Platz gewidmet werden.

Der Abschnitt „Wahl der Praxisstelle" steht im Zusammenhang mit der Reflexion am Ende des Berichts. Diese Wahl soll etwas aussagen über Ihre persönlichen Berufsvorstellungen und Rollenerwartungen. In der Reflexion sollten Sie auf Ihre anfänglichen Erwartungen Bezug nehmen.

Zum Punkt „Beobachtungen": Das Beobachten wurde zumeist geübt im ersten Praktikum, das in einer Tageseinrichtung für Kinder stattgefunden hat. Es ist daher anzunehmen, dass die Studierenden im dritten Ausbildungsjahr die Methode beherrschen. Für Schulen (ausgenommen Grundschulen) und Einrichtungen für Jugendliche, in denen man seine Daten und Informationen über die Bedürfnisse und Stärken der Kinder/Jugendlichen auf andere Weise gewinnt, sind sie weniger relevant. Beobachtungen haben in der Facharbeit also nur dann einen Platz, wenn sie selbst zum Schwerpunktthema gemacht werden, wenn sie Grundlage für Ausführungen über die Beller-Skala, die Leuvener Engagiertheitsskala oder über Lerngeschichten sind oder eine Untersuchungsmethode darstellen, die der Beantwortung einer Untersuchungsfrage dienen.

Zu „Schwerpunktthema" und „Reflexion": Die Wahl des Schwerpunkts sollte gut begründet werden. Er stellt den Kern des Berichts dar und sollte keine einfache Beschreibung sein, sondern eine Auseinandersetzung mit einer Forschungsfrage, deren Wahl fachlich begründet werden sollte – also nicht individuell wie: „Ich habe mich schon immer dafür interessiert, wie …". Sie als Praktikantin und angehende Erzieherin müssen sich in der Auseinandersetzung mit einer Problematik selbst reflektieren und Ihre Berufsrolle in einer spezifischen Einrichtung/in der Auseinandersetzung mit einem Thema finden. Diese Reflexion und die anschließende Reflexion der zentralen Lernerfahrungen stellen sicherlich den schwierigsten Teil des Berichts dar, denn er enthält Schlussfolgerungen für Ihr Selbstverständnis als Erzieherin.

7 Sprache und Geschlecht

Ende des 19. Jahrhunderts amüsierte sich der amerikanische Schriftsteller Mark Twain, der sehr gut Deutsch sprach, darüber, dass „das Mädchen" im Deutschen ein grammatisches Neutrum wäre. In der damaligen DDR, in der die berufliche Gleichberechtigung der Frauen recht weit fortgeschritten war, bezeichneten Frauen sich selbstverständlich als „Lehrer" oder „Architekt" und spotteten über die westdeutsche Angewohnheit, jeglicher Berufsbezeichnung auch eine weibliche Form zuzuordnen. In England und Amerika, wo man früher als in Deutschland mit der „gendersensiblen Sprache" anfing, hatte man (!) es leichter: Es gibt im Englischen nur einen Artikel – „the" – und männliche Berufsbezeichnungen wie „chairman" waren schnell in „chairperson" umgewandelt. Die meisten Berufsbezeichnungen von „pilot" bis „farmer" sind ohnehin geschlechtsneutral. Aber im Deutschen gibt es nun einmal das grammatische Geschlecht und geschlechtsspezifische Berufsbezeichnungen. Was bedeutet „gendersensible Sprache" und welche Ziele verfolgt sie?

Dazu ein Zitat aus einer Veröffentlichung der Uni Köln: **„Gendersensible Sprache bedeutet ...**

Eindeutigkeit: Sprache ist so zu verwenden, dass aus dem jeweiligen Text klar hervorgeht, wer gemeint ist.

Repräsentation: Sprachliche Formen sind zu finden und zu verwenden, die alle Geschlechter adäquat repräsentieren und durch die sich alle angesprochen fühlen.

Anti-Diskriminierung: Sprache ist so einzusetzen, dass sie nicht diskriminierend ist.

Nicht zuletzt bedeutet gendersensible Sprache, einen Beitrag zu mehr Gleichberechtigung zu leisten. Denn Geschlecht war und ist nach wie vor eine wichtige Ordnungskategorie, die Hierarchien erzeugt, an deren Aufbrechen wir aktiv mitwirken können."

(Universität Köln, 2014)

Wenn Sie sich genderneutral ausdrücken und beide Geschlechter in der Sprache sichtbar machen möchten, gibt es mehrere Möglichkeiten:

Die Nennung beider Geschlechter	„Liebe Schülerinnen und Schüler, liebe Kolleginnen und Kollegen, liebe Mitarbeiterinnen und Mitarbeiter...."	Ist sprachlich korrekt, kann aber beim Hören oder Lesen ermüdend wirken.

Das Splitting	„Die Direktorin/ Der Direktor ist verantwortlich für die Stundenplanung", oder: „Ein/e Praktikant/in muss einen Praktikumsbericht schreiben."	Sieht geschrieben sehr unbeholfen aus, ist nicht vorlesbar.
Die angehängte weibliche Endung	„Es werden Fortbildungen für Pädagogen/ innen und Fachreferenten/innen durchgeführt, an denen auch Erzieher/ innen teilnehmen können."	Ist sprachlich unlogisch und sieht sehr ungeschickt aus.
Die Klammer	„Die Mitarbeiter(innen) und Kolleg(inn)en der Praxis streiken am kommenden Montag."	Eine sprachlich korrekte und vielseitige Form, entweder am Wortende oder im Wortinneren.
Der Schrägstrich	„Die Zuhörer/ -innen schrieben aufmerksam mit."	Wenn er mit Bindestrich verwendet wird, ist er sprachlich korrekt.
Verwendung genderneutraler Personenbezeichnungen	„Die Studierenden müssen eine Facharbeit schreiben, sie werden von den Lehrenden beraten", „das Projektteam" statt „die Mitarbeiterinnen und Mitarbeiter des Projekts".	Neutralisieren des Geschlechts durch a) geschlechtsneutrale Bezeichnung im Plural oder b) durch Bezeichnung des Funktion statt der Person.
Genderspezifische Personenbezeichnungen können vermieden werden	„Alle sind eingeladen", statt „Jeder ist eingeladen"; „Es ist nicht bekannt, wer das Werk verfasst hat," statt „Der Verfasser des Buches ist unbekannt."	Vermeidung des Geschlechts durch unpersönliche oder Passiv-Konstruktionen.
Das Binnen-I	„Der/ Die AnleiterIn betreut die Praktikant/ Innen." „In bestimmten Fällen muss das Kind einem/ einer ÄrztIn vorgestellt werden."	Es soll sichtbar machen, dass sowohl Männer wie Frauen im Text gemeint sind. Allerdings werden Sätze dadurch manchmal unlesbar oder es entstehen grammatisch falsche Begriffe.

Der Gender-Gap und das Gender-Sternchen	„Die Erzieher_innen bereiten das Team-Gespräch vor", und: „Die Leiter*innen haben ein wöchentliches Leitungsgespräch."	Diese beiden Formen sollen andeuten, dass es jenseits der herkömmlichen Geschlechter – Frau und Mann – eine Vielzahl geschlechtlicher Identitäten gibt. Stichwort: Inter- und Transsexualität
Beachte: Es soll allerdings darauf hingewiesen werden, dass diese drei zuletzt genannten Formen – Binnen-I, Gender-Gap und Gender-Sternchen – vom Duden nicht vorgesehen und daher *im schulischen Gebrauch nicht zulässig* sind, da sie nicht den Regeln der Rechtschreibung entsprechen!		

Es gibt also viele Möglichkeiten, beide – oder alle – Geschlechter in der Sprache zu berücksichtigen. Für längere Texte, deren Studium ohnehin schon viel Konzentration erfordert, sind nicht alle gleich gut geeignet. Es besteht die Gefahr, dass die Lesbarkeit des Textes eingeschränkt wird.
Der Duden gibt hierzu übrigens keine Empfehlungen, so lange die Regeln der Rechtschreibung beachtet werden: „Auch aus Sicht der Dudenredaktion gilt für das gesamte Problem der sprachlichen Gleichstellung: Der Kreativität der Formulierenden sind (außer den orthografischen) keine Grenzen gesetzt!" (Duden, 1999)

Was sagt der Duden dazu?
Ausführlich und abschließend nimmt die Duden-Redaktion hierzu Stellung mit dem Buch/E-Book „Richtig gendern" (2017), s. Literaturverzeichnis.

Was sagt der Gesetzgeber dazu?
Seit dem 1. Januar 2019 ist nach einer Änderung des Personenstandsgesetzes (PStG) die Eintragung eines „dritten Geschlechts" (divers) in der Geburtsurkunde möglich. Dies geht auf einen Beschluss des Bundesverfassungsgerichts vom 10.10. 2017 zurück (1 BvR 2019/16).

Eine gut lesbare Variante besteht darin, weibliche und männliche Bezeichnungen bunt durcheinander zu gebrauchen, oder schlichtweg durchgehend die weibliche Form zu verwenden und dem Text auf Seite 1 eine **Bemerkung voranzustellen** wie z. B.: „Aus Gründen der besseren Lesbarkeit wird in dieser Arbeit durchgehend die weibliche Form für Personenbezeichnungen verwendet. Selbstverständlich ist die männliche Form, wo angebracht, stets mitgemeint", oder „In diesem Text wurde auf möglichst geschlechtsneutrale Formulierungen geachtet. Es sind immer beide Geschlechter gemeint."

Eine weitere Möglichkeit, Frauen in wissenschaftlichen Texten sichtbar zu machen, ist, in Literaturverzeichnissen den vollständigen Personennamen zu verwenden, also:
Whalley, Margy: Eltern als Experten ihrer Kinder … statt
Whalley, M.: Eltern als Experten ihrer Kinder.

Konsultieren Sie den Leitfaden Ihrer Schule und beraten Sie sich mit Ihrer Anleiterin/Ihrem Anleiter.

> **ZUSAMMENGEFASST** Bedenken Sie beim Schreiben, dass Sprache die Wirklichkeit abbilden soll, und dazu gehört auch, dass es Männer und Frauen gibt, die sich in der geschriebenen Sprache wiederfinden wollen. Andererseits ist eine Facharbeit nicht der Ort, an dem die Schlachten politischer Korrektheit ausgetragen werden sollen. Also treffen Sie eine kluge Entscheidung!

Zum Schluss noch ein einprägsames Beispiel für Missverständnisse, die aus einem unreflektierten Sprachgebrauch entstehen können.

In einer Vorlesung wurden die Studierenden mit folgender Geschichte konfrontiert:
Ein Vater fährt mit seinem Sohn im Auto. Sie verunglücken. Der Vater stirbt an der Unfallstelle. Der Sohn wird schwer verletzt ins Krankenhaus eingeliefert und muss operiert werden. Ein Chirurg eilt in den OP, tritt an den Operationstisch heran, auf dem der Junge liegt, wird kreidebleich und sagt: „Ich bin nicht im Stande, zu operieren. Dies ist mein Sohn."
Im ersten Moment irritierte diese Geschichte viele Zuhörer und Zuhörerinnen. War der verunglückte Vater nicht der leibliche Vater und der Arzt im OP erkannte seinen leiblichen Sohn? Handelt es sich um ein gleichgeschlechtliches Paar, so dass der Junge zwei Väter hatte? Oder wurde hier einfach davon ausgegangen, dass „Chirurg" ein geschlechterneutraler Begriff ist und so Mann und Frau gleichermaßen meint? In letzterem Fall könnte der Sohn im OP seiner Mutter begegnet sein, die eben kein Facharzt, sondern eine Fachärztin ist. Denn an eine Chirurgin denken leider die wenigsten, wenn sie den männlichen Begriff hören.
Die Geschichte zeigt, wie sehr unsere Vorstellung und Wahrnehmung an Sprache gekoppelt sind. Geschlechtlich differenziertere Alltagssprache kann dazu beitragen, Missverständnisse zu verhindern.

(Universität Köln, 2014)

VOM ENTWURF ZUM MANUSKRIPT

TEIL 3

8 Wissenschaftliches Arbeiten und Methoden der Sozialforschung

Wenn Kinder kleine Forscher sind, sollten die Erzieherinnen dann nicht junge Wissenschaftlerinnen sein? Mit drei Beispielen aus der Praxis:

Die vielfältigen Kompetenzen von Erzieherinnen und Erziehern

In pädagogischen Berufen, und ganz besonders in der Frühpädagogik, müssen von den Fachkräften immer wieder neue Entscheidungen für das eigene Verhalten getroffen werden, die niemals vorher „eingeübt" werden konnten. Im Spannungsfeld zwischen den Bedürfnissen und Ansprüchen des einzelnen Kindes und der Kindergruppe, pädagogischen Konzepten und Alltagsgestaltung und unter Berücksichtigung der Beziehung zwischen Erzieherin und Kind(ern) muss die Fachkraft aus dem Stand heraus ihr Verhalten anpassen. Wechselnde und widersprüchliche Ansprüche von anderen Akteuren wie Eltern, Team, Leitung, Kita-Aufsicht etc. müssen in Einklang gebracht werden. Dafür gibt es keine Rezepte oder Handlungsanweisungen. Hinzu kommt, dass es niemals nur um Sachentscheidungen geht, sondern auch um die wichtigen Fragen von Kommunikation und Vermittlung, da jeder der beteiligten Akteure Erwartungen und oft auch Vorbehalte hat.

Daraus folgt, dass Erzieherinnen
- auf der Grundlage ihres erlernten Wissens (z. B. Entwicklungspsychologie),
- unter Anwendung von kommunikativen Kompetenzen zur Gesprächsführung und Streitschlichtung,
- auf der Basis von Beobachtungen zur Interaktion zwischen mehreren Akteuren,
- unter Berücksichtigung übergeordneter pädagogischer Konzepte der Einrichtung (Grundsätze aus dem Bildungsprogramm, konzeptionelle Ausrichtung),
- unter objektiver (!) Einschätzung ihrer eigenen Kompetenzen und ihrer eigenen Tagesform

wichtige Entscheidungen treffen müssen.

> Die Professorin für Bildung im Kindesalter, Iris Nentwig-Gesemann, drückt das folgendermaßen aus (2015):
>
> „**Der Kern expertenhaften pädagogischen Handelns** ist der professionelle Umgang mit Ungewissheit, der ermöglicht, eine fall- und situationssensible Passung zwischen Theorie und Praxis, zwischen theoretischem und didaktischem Wissen und Können einerseits, Handlungs- und Erfahrungswissen andererseits auch in ungewohnten Kontexten herzustellen. [...] Wenn Studierende lernen sollen, sich auf die Komplexität des Neuen und Fremden – wie auch des scheinbar Vertrauten – mit offenem und entdeckendem Blick einzulassen und dies zugleich in methodisch kontrollierter, nachvollziehbarer Art und Weise zu tun, dann muss die Kompetenz des forschenden Lernens im Studium systematisch eingeübt werden.
> Die qualitative Forschung stellt hier nicht nur ein vortreffliches und flexibles Methodeninstrumentarium zur Verfügung, sondern impliziert auch eine spezifische Haltung dem zu erforschenden sozialen bzw. pädagogischen Feld gegenüber: Der ‚forschende Habitus' als professionelle Kompetenz bedeutet, sich offen und neugierig dem ‚Fremden' zu nähern, [...] den forschenden Blick von theoretischem Wissen inspirieren zu lassen, das Erfahrene mit bereits gemachten Erfahrungen ebenso systematisch wie kreativ zu vergleichen, sich in ein kritisches und reflexives Verhältnis zu sich selbst und der sozialen Situation setzen zu können und damit Prozesse des Verstehens und Erklärens zu vollziehen, die sich von denjenigen des Alltagshandelns und -denkens unterscheiden."

Forschender Habitus vs. Alltagshandeln

In der Facharbeit soll die Studierende unter Beweis stellen, dass sie die Methodik der wissenschaftlichen Erarbeitung einer sozialpädagogischen Problemstellung beherrscht.

In anderen Kapiteln dieses Buches geht es um viele Aspekte wissenschaftlicher Arbeitsweise, wie die Entwicklung einer Fragestellung, den Umgang mit Fachliteratur (Recherche, Zitieren, Literaturverzeichnis) und Argumentation und Aufbau einer Facharbeit. Dies sind die Arbeitsmittel der theoretischen wissenschaftlichen Arbeit, also der *Auswertung* vorhandener Fachliteratur. Hier soll es nun um die wichtigsten **Methoden der Sozialforschung** gehen, die in einer Facharbeit angewendet werden können, und zwar:

- **Beobachtungen** von Kindern,
- die Arbeit mit selbst erstellten und ausgewerteten Fragebögen sowie mit statistischen Daten, also die Anwendung sogenannter **quantitativer Methoden**,
- das Durchführen von Interviews und die Auswertung von Expertengesprächen, also die Arbeit mit sogenannten **qualitativen Methoden.**

Die wichtigsten Methoden der Sozialforschung ...

Zusammengefasst wird dies unter dem Begriff „empirische Forschung", also eine methodische Sammlung von Daten, die auf Erfahrungen bzw. Beobachtungen beruhen. Neben der Literaturrecherche ist dies eine hauptsächliche Erkenntnisquelle für sozialwissenschaftliche Arbeiten. Die Arbeitsweise (Datenbeschaffung, Methode, Auswertung) muss für die Leser unabhängig von der persönlichen Einstellung nachvollziehbar und überprüfbar sein. Dies wird als *intersubjektive Nachvollziehbarkeit* bezeichnet. Die Schlussfolgerungen der Untersuchung müssen sich schlüssig aus den vorgelegten Daten ergeben.

... und die Literaturrecherche

... müssen nachvollziehbar sein.

Beobachtungen: Sie haben im Unterricht unterschiedliche Beobachtungsmethoden und Beobachtungsbögen kennengelernt. Um sie richtig anwenden zu können, ist eine gute Schulung notwendig. Oft werden Beobachtungen von Kindern in regelmäßigen Teambesprechungen diskutiert, häufig auch in der Form von Videobeobachtungen. Stichworte hierzu sind die Leuvener Engagiertheitsskala für Kinder, das Infans-Konzept, Early Excellence, Kuno Bellers Entwicklungstabelle und andere. Richtig durchgeführt sagen die Beobachtungsergebnisse viel über das Entwicklungspotenzial und die geeigneten Impulse für die pädagogische Arbeit aus. Da die Ergebnisse unabhängig von den persönlichen Vorerwartungen der Erzieherinnen zustande kommen und auch nicht durch bestimmte Situationen ausgelöst werden, haben sie ein hohes Maß an Objektivität und Zuverlässigkeit.

Quantitative Methoden: Die am stärksten verbreitete Methode ist die *Umfrage per Fragebogen*. Wichtig sind hierbei die Auswahl der Teilnehmer und die richtige Formulierung der Fragen, die eindeutig beantwortbar sein müssen. Mit Fragebögen können Einstellungen, Meinungen und Interessen erhoben werden. Um dem Leser der Facharbeit Gelegenheit zu geben, zu beurteilen, wie „sauber" die Umfrage durchgeführt wurde, ist anzugeben, wie die Testpersonen ausgewählt wurden und welche Fragen ihnen gestellt wurden (evtl. im Anhang).

Qualitative Methoden: Hier ist hauptsächlich das *offene Interview* zu nennen, das insbesondere dann durchgeführt wird, wenn Kenntnisse über einen Forschungsgegenstand nicht durch eigene Beobachtungen oder Erfahrungen zu gewinnen sind. Wenn mehrere Interviews zu einem Thema durchgeführt werden, sollten sie einem Leitfaden folgen. Interviews sollten aufgezeichnet werden, zumindest wichtige Teile sollten abgeschrieben (transkribiert) werden.

Für alle Methoden gelten die drei Grunderfordernisse empirischer – also datenbasierter – Arbeit:

1. Objektivität: Die Ergebnisse müssen unabhängig von der Person des Untersuchenden zustande kommen, jede Form von Einflussnahme muss also vermieden werden. Bei den meisten Beobachtungsmethoden muss der Beobachter sich „unsichtbar" machen, bei Befragungen nicht kommentieren.

2. Validität (Gültigkeit): Es muss genau das untersucht oder gemessen werden, was man zu messen beansprucht. Sehr wichtig bei der Formulierung von Fragen in Fragebögen. Sie müssen für den Interviewpartner sinngemäß und sprachlich völlig eindeutig sein. Deshalb sollte man Fragebögen stets zuerst einer unbeteiligten Testperson vorlegen, um herauszufinden, ob die Fragen klar und eindeutig sind (sogenannter Pretest).

3. Reliabilität (Zuverlässigkeit): Ein anderer Forscher müsste mit den gleichen Aufgaben und unter gleichen Bedingungen zu den gleichen Ergebnissen kommen. Deshalb müssen bei jeder empirischen Untersuchung im Anhang der Facharbeit die Materialien angefügt werden, die Rückschlüsse auf die Arbeitsmethode zulassen: also die Fragebögen, Beobachtungsprotokolle, Interview-Abschriften.

Wie diese Forschungsmethoden in einer Facharbeit angewendet werden können, soll anhand von drei kürzlich geschriebenen Arbeiten verdeutlicht werden, die der Zeitschrift „Beiträge aus der sozialpädagogischen Ausbildung" entnommen wurden:

Literaturrecherche

In der Arbeit von Katarzyna Drewelowsky, „Mehrsprachigkeit in der Kita – konkrete Situationsbeschreibungen und Handlungsempfehlungen", geht es um Zwei- und Mehrsprachigkeit von Kindern, deren Auswirkungen auf die Sprachkompetenz und um die Sprachförderung in der Kindertagesstätte. Nach einer Literaturrecherche zu diesem Thema und Definitionen zu den Begriffen Muttersprache, Erst- und Zweitsprache, Bilingualismus und Mehrsprachigkeit, Familiensprache und Umgebungssprache stellt sie ein Modell zur Dokumentation einer Sprachbiografie vor. In dieser wird berücksichtigt, welche Sprache(n) die Eltern sprechen, welche mit dem Kind gesprochen wird, welche die Eltern miteinander sprechen und ob das Kind die

Gelegenheit hat, die Sprache des Landes, in dem es lebt, zu erwerben. Auf dieser Grundlage erstellt die Autorin, die selbst polnische Muttersprachlerin ist, eine Sprachbiografie für drei bilinguale Kinder (deutsch-türkisch) aus ihrer Praxisgruppe und erhebt die relevanten Daten und die Familiengeschichte der Kinder, soweit sie dafür relevant sind. Sodann beobachtet sie die Kinder und ihr sprachliches Verhalten und führt Interviews mit den beteiligten Eltern zu diesem Thema. Daraufhin entwickelt sie für ein Kind mit geringer Sprachkompetenz ein „Sprachprogramm", in das auch die Freundinnen des Kindes einbezogen werden. Schließlich fasst sie die Ergebnisse der Sprachforschung zur Mehrsprachigkeit in der Kita zusammen und zieht daraus Schlussfolgerungen für die pädagogische Arbeit.

Datenerhebung
Beobachtung
Interviews

Schlussfolgerungen

Bemerkenswert und auch typisch an der Arbeit ist, dass die Autorin, ausgehend von ihren Praktikumserfahrungen, eine Fragestellung entwickelt, dazu in der Literatur recherchiert und ein geeignetes Modell zur Erfassung der Situation auswählt. Auf der Grundlage dieses Modells entwickelt sie ein Sprachförderungsprogramm.

Auch Benjamin Daske beschäftigte sich, wenn auch auf ganz andere Weise, mit Sprache, und seine wichtigste Methode ist, aus einem bestimmten Grund, die genaue Beobachtung: „Mein 5-monatiges Wahlpraktikum im dritten Ausbildungsjahr absolvierte ich in einem deutsch-slowakischen Kindergarten in Bratislava, der Hauptstadt der Slowakei. Da mit wenigen Ausnahmen sowohl die Kinder als auch die anderen Erzieherinnen slowakisch sprachen und ich erst vor Ort einen Sprachkurs besuchte, bot mir dieses Praktikum die besten Voraussetzungen und eine unvergleichliche Chance, mich mit dem Thema der Bedeutung von nonverbaler Kommunikation für die Aufgaben in einem pädagogischen Berufsfeld auseinanderzusetzen." Nach einer Recherche der einschlägigen Literatur zum Thema zwischenmenschliche Kommunikation schildert er einige Situationen und Verhaltensweisen, die ihm, der zur Verständigung besonders stark auf die Beobachtung von Körpersprache und Gesichtsausdruck angewiesen ist, auffallen. Sowohl die anfänglichen Beobachtungen wie auch die darauf folgenden systematisierten Beobachtungen werden genau dargestellt und z. T. mit Zeichnungen erläutert. Der Autor interpretiert sie unter Rückgriff auf die vorher dargestellten Kommunikationstheorien. Während seine Beobachtungen ihm halfen, „die Kinder in ihren emotionalen Ausdrücken kennenzulernen", hatte er aus sprachlichen Gründen zu wenig Gelegenheit, seine Überlegungen mit den Kolleginnen zu teilen: „Die von mir beobachteten und niedergeschriebenen Situationen wurden erst einmal nur von mir wahrgenommen und interpretiert. Aus meiner Sicht fehlt dabei aber die Objektivität, bzw. die Intersubjektivität, um daraus konkrete Schlüsse für die pädagogische Arbeit ziehen zu können. [...] Möchte der Erzieher ein kongruentes Verhalten und somit auch eine kongruente Kommunikation mit dem Kind erreichen, müssen die inneren Bewertungen des Erziehers mit seinen verbalen und nonverbalen Signalen übereinstimmen." Die Schlussfolgerung, die er aus seiner Arbeit

Beobachtung

Literaturrecherche

Beobachtungen

Problem der mangelnden Intersubjektivität

Schlussfolgerung

zieht, bezieht sich also nicht auf die unmittelbare Arbeit in der erlebten Praxis, sondern auf die Kompetenzen des Erziehers selbst.

Literaturrecherche

Fragebogen-Erhebung

Beobachtungen Reflexion

Auch in der Arbeit von Ricky Siegel, „Hilft Klettern? – Erlebnispädagogische Aktivitäten zur Förderung personaler Kompetenzen“, kommen unterschiedliche Untersuchungsmethoden zum Einsatz. Hier beruht die Arbeit auf einer Erfahrung im letzten Praktikum, das er in einer Erziehungswohngruppe absolvierte. Es geht um ein erlebnispädagogisches Projekt, das der Autor, selbst ein erfahrener Sportkletterer, mit einem Jugendlichen aus der EWG mit dem Ziel, dessen personalen Kompetenzen zu fördern, durchführte. Nach einer ausführlichen Literaturrecherche zum Thema Erlebnispädagogik, einer Darstellung des Jugendlichen und der Projektdurchführung führt der Autor eine Wirkungsanalyse durch, weshalb dieser Text auch veröffentlicht wurde, denn er vereint theoretische Reflexionsfähigkeit und innovative Praxisforschung. Nach Abschluss des Projekts führte der Autor eine Erhebung per Fragebogen bei dem Jugendlichen selbst sowie bei den Bezugsbetreuerinnen zum Erfolg des Projekts durch – also eine quantitative Analyse – deren Ergebnisse er, unterteilt nach Anfangs-, Haupt- und Abschlussphase, in Diagrammen darstellt. Da der Autor jedoch meinte, dass die Fragebogen-Methode für eine fundierte Schlussfolgerung nicht ausreiche, führte er noch Beobachtungen durch und besprach diese mit den Betreuerinnen. Am Schluss der Arbeit reflektiert und begründet der Autor seine Vorgehensweise. Die Arbeit erfüllt damit den Anspruch an die Studierenden: „Sie sollen beispielsweise Forschungsergebnisse oder Theorien darstellen und auf die pädagogische Praxis beziehen, Praxiserlebnisse schildern und fachlich reflektieren und sie werden herausgefordert, konkret angewendete Methoden, oft Beobachtungsverfahren, zu beschreiben und fachlich wie fachpraktisch zu beurteilen.“[6]

Kolloquium: Kap. 20

> **ZUSAMMENGEFASST Keine Angst vor wissenschaftlicher Methodik!**
> Denken Sie daran, dass Sie die Leser überzeugen möchten, auch wenn diese skeptisch sind. Die von Ihnen gewählte Methodik dient dazu, kritischen Fragen zu begegnen, Argumente mit Fakten zu unterstützen und sich dabei auf aussagekräftige Unterstützer zu berufen: Fachleute, Beobachtungsprotokolle, Daten und Fakten. Diese Methode wird Ihnen auch zugutekommen, wenn Sie Ihre Arbeit vorstellen und gegen eventuell kritische Fragen verteidigen müssen: bei der Präsentation der Arbeit oder während des Kolloquiums.
> Und: Niemand erwartet, dass eine Facharbeit eine eigenständige wissenschaftliche Arbeit mit neuen Forschungsergebnissen darstellt – dies wäre einer *Dissertation*, also einer Doktorarbeit vorbehalten.

[6] Christian Schubert im Vorwort zu Heft 1/2013 der „Beiträge aus der sozialpädagogischen Ausbildung“, S. 1.

EXKURS:

Zum Stellenwert empirischer Forschung in der Facharbeit

Zu der Frage, ob und inwieweit Fachschülerinnen an Fachschulen für Sozialpädagogik in die Facharbeit Anteile an **empirischer Forschung** einfließen lassen können oder sollen, gibt es durchaus unterschiedliche Meinungen unter den Dozentinnen. Wenn man bedenkt, dass ein nicht unbeträchtlicher Teil der Absolventinnen anschließend ein Studium an einer Hochschule aufnimmt, z. B. im Bereich der Früherziehung oder der Grundschulpädagogik, kann die Facharbeit allerdings schon auf die Arbeitsmethoden der Hochschule vorbereiten. Gabriela Naumann, Dozentin an der Fachschule für Sozialpädagogik des Pestalozzi-Fröbel-Hauses in Berlin und an verschiedenen Hochschulen, nimmt mit dem folgenden Beitrag diese Frage unter die Lupe:

Wie lässt sich empirische Forschung in die Facharbeit von Studierenden der Fachschulen für Sozialpädagogik sinnvoll und korrekt einbeziehen?

Von Gabriela Naumann (2015)

Empirische Forschung ist eine rein erfahrungsorientierte Form des Erkenntnisgewinns. Die/der Forschende versucht nach bestimmten Rahmenbedingungen reale Tatbestände systematisch zu erfassen bzw. zu deuten (vgl. Atteslander 2003).

Beschließen Studierende eine Methodik für ihre Facharbeit, wählen sie zwischen literaturbezogenem oder empirischem Vorgehen. In der Regel werden sie sich für eine theoretische Arbeit – eine Literaturanalyse – entscheiden, da häufig weder Wissenschaftliches Arbeiten und sicher nicht Statistik und Empirie zum Curriculum der Ausbildung einer Fachschule für Sozialpädagogik gehören. In den sozialwissenschaftlichen Fachbereichen der Universitäten dauern Seminare zu Methoden der empirischen Sozialforschung mindestens zwei Semester.

Dozenten und Dozentinnen an sozialpädagogischen Fachschulen warnen zu Recht vor der nicht kompetenten Durchführung empirischer Forschung in Facharbeiten. Aussagekraft und Repräsentativität ermittelter Daten können den formalen Wissenschaftskriterien *(Genauigkeit, Eindeutigkeit, Intersubjektivität, Nachprüfbarkeit, Verständlichkeit und Vollständigkeit)*, insbesondere denen der empirischen Forschung *(Validität, Reliabilität)* nicht standhalten, da das entsprechende Wissen fehlt.

Trotzdem zeigen Studierende immer wieder großes Interesse daran, ihre zumeist literaturzentrierte Facharbeit mit empirischem Material zu bereichern. Sie beziehen dazu häufig Befragungen von Praktikern und Zielgruppen sozialpädagogischer Arbeit mit ein. Es macht ihnen offensichtlich Freude, das erworbene Wissen in sozialen Kontakten zu diskutieren. Verwendung finden auch Beobachtungen sowie Bildmaterial.

Empirisches Material lässt die Arbeit spannender, bildlicher, lebendiger erscheinen.

Dazu sind Beispiele aus der Praxis willkommen; Hinweise darauf, dass theoretisch erklärte Sachverhalten stimmen oder eben nicht. Bestehendes Wissen wird nicht nur umgeschichtet, sondern neue Erkenntnisse werden hinzugefügt und damit eigene Interessen akzentuiert.
Die kreative Präsentation der Facharbeit gewinnt an Bedeutung, der Begriff der Wissenschaftlichkeit wird um kreative Formen der Darstellung und Aufbereitung des Themas erweitert.

Die Phasen eines wissenschaftlich korrekten Forschungsprozesses beinhalten die Hypothesenbildung und Problemformulierung, die Konzeptualisierung und Datenerhebung, das Codieren der Daten und die Interpretation und Zusammenfassung der Ergebnisse. Am Anfang steht die Formulierung von Hypothesen, die aus vorliegenden Theorien und anderen Hypothesen abgeleitet werden. Relevante Begriffe und Variablen müssen definiert und inhaltlich spezifiziert werden. Nach der Bestimmung des methodischen Vorgehens werden die Operationalisierungen der Variablen vorgenommen; daran schließt sich die Auswahl der Stichprobe bzw. der Probanden an und schließlich die Datenerhebung durch die in den ausgewählten Methoden festgelegten Formen. Die abschließende Auswertung, Prüfung und Interpretation der Ergebnisse transformieren die Daten in bestimmte – möglichst zusammenhangsbezogene – Aussagen.

Studierende sind aufgrund mangelnder Vorkenntnisse wohl kaum in der Lage, derartige empirische Forschung durchzuführen. Untersuchungen von Studierenden nehmen eher die Form von Vor-Studien ein; es geht um die Exploration von Stimmungen oder Trends anhand der Meinungen einer begrenzten Anzahl von Personen. Die Ergebnisse dienen dazu, das Problem anschließend besser strukturieren zu können.

In *Fallstudien* oder *Fallbeschreibungen* lassen sich Handlungen und Verhalten von Akteuren bzw. Institutionen besser verstehen, auch wenn der gewährte Einblick meistens nur einen Teilbereich der Wirklichkeit abbildet. Ist der Erkenntnisbereich relativ neu, eignen sich qualitativ-fallstudienartige Untersuchungen gut, um erste Eindrücke über mögliche Beziehungen zwischen Konstrukten zu gewinnen.

Beliebt sind dabei verschiedene Formen der Befragungen, insbesondere das Interview liefert ausführliche Informationen über Einstellungen, Meinungen und Wahrnehmungen und Interpretationen von Sachverhalten. Hierbei sind die Frageformulierung und verschiedene Arten von Fragen, der Bezugsrahmen des zu Befragenden und des Forschers/der Forscherin sowie die Antwortvorgaben zu klären.

Das *Interview* erscheint vielen Studierenden als einfache Methode, da es eine Nähe zu Alltagsgesprächen aufweist. Allerdings unterscheiden sich Alltagsgespräch und wissenschaftliches Interview grundlegend durch das Regelwerk.

Beim Interview ist die Frage nur ein Mittel zur Antwort, die der gesuchten Variablen entspricht. Dabei muss der Fragebogen so konzipiert sein, dass die Antworten genau den Ausprägungen des angezielten Merkmals – der Variablen – entsprechen.

Als *Intensivinterviews* oder Tiefeninterviews werden alle Formen der mündlichen Befragung bezeichnet, die mit nicht-standardisierten Fragen bzw. einem grob strukturiertem Leitfaden vorgehen. Ziel ist es, genauere Informationen vom Befragten zu erhalten, wobei der Fokus auf seiner Perspektive und seinen Bedürfnissen liegt. Die Vergleichbarkeit von Ergebnissen, gemessen an standardisierten Interviewformen, ist eher gering; hervorzuheben ist der Beitrag zur Exploration eines Problems oder der Bedeutung eines Befragten.

Weitere Methoden empirischer Sozialforschung sind die schriftliche Befragung, die (teilnehmende) Beobachtung, Gruppendiskussion, Soziometrie, nondirektive Verfahren, Experiment u.a. (vgl. Friedrichs 2006). Studierende müssen die Voraussetzungen der jeweiligen Methode sowie ihre Anwendungsmöglichkeiten und das konkrete Vorgehen kennen. Voraussetzung ist stets die genaue Formulierung eines Problems sowie die Kenntnis einer angemessenen Methode zu seiner Lösung. Dabei stehen Probleme, Methode und Theoriebildung im engen Zusammenhang. Wann ist die Durchführung einer empirischen Untersuchung überhaupt sinnvoll? Welche Form ist zu bevorzugen? Welche Vor- und Nachteile ergeben sich möglicherweise?

Studierende müssen sich vorab in die Methoden entsprechend einarbeiten. Sie benötigen Methodenkompetenz, um z.B. beurteilen zu können, nach welchen Regeln sich ein Interview überhaupt durchführen lässt. Ein wenig strukturierter Fragebogen ist sinnvoll, um allgemeine Informationen und Meinungen zu erhalten, ein stark strukturierter Fragebogen dient der Vertiefung von Themen. Eine besondere Bedeutung kommt auch der genauen Transkription zu: Bei eher wenig strukturierten Fragebögen wird es eine vollständige und wortgetreue schriftliche Wiedergabe sein, der stark strukturierte Fragebogen arbeitet häufig mit bereits vorgegebenen Antworten und der Interviewte muss nur ankreuzen.

Stickel-Wolf u. Wolf (2005) verlangen die **Einhaltung folgender Prinzipien** bei der Durchführung empirischer Untersuchungen im Rahmen wissenschaftlicher Arbeiten:

- Jede empirische Forschung sollte theoriegeleitet stattfinden. Studierende sollten über ein erhebliches Vorwissen über den betreffenden Erkenntnisbereich verfügen.
- Der konzeptionelle Bezugsrahmen, die Variablen-Operationalisierung und das Informationsaufnahmesystem (wie Interviewleitfaden oder Fragebogen) müssen sorgfältig konzipiert sein, um sämtliche wichtigen Tatbestände eruieren zu können.
- Innovative Elemente sollten gegenüber repetitiven Elementen in der Arbeit dominieren, es gilt, lieber neue anstatt bereits erschöpfend behandelte Felder zu untersuchen.

- Methodenpluralismus ist gefragt, um Forschungsergebnisse glaubwürdiger und vollständiger zu machen, so lassen sich z.B. Beobachtungen und Befragungen gut kombinieren.
- Die zusammengetragenen Daten sollen nicht nur beschrieben, sondern auch interpretiert werden. Dabei müssen beide Arbeitsschritte deutlich voneinander getrennt werden.
- Die verwendete Methode wird vorab erläutert, die Anwendung erscheint dann nachvollziehbar.
- Die Präsentation der Befunde zeigt die verwendeten Variablen und Zusammenhänge und bietet eine sinnvolle Zusammenfassung der Ergebnisse.
- Vertraulichkeitszusagen sollten unbedingt eingehalten werden (Namen/Institutionen verändern u.a.).
- Teilnehmer an den Studien sollten stets ein Feedback über die Untersuchungsergebnisse bzw. ein Exemplar der Arbeit zur Verfügung gestellt bekommen.
- Genug Zeit ist einzuplanen, sowohl für die Erhebung als auch für die Auswertung der Ergebnisse; außerdem ist die Studie aufzubewahren für ggf. spätere weiterführende Studien.

Curricula an Fachschulen beinhalten u.a. die Beschäftigung mit Beobachtungsinstrumentarien, Fallarbeit, Formen der Gesprächsführung und Kommunikation sowie Verfahren der Qualitätssicherung. Ferner bietet die Ausbildung zahlreiche Reflexionen von Praxisbeispielen aus den verschiedenen Praktika. Diese Kenntnisse liefern eine wertvolle Unterstützung für ein quasi-empirisches Vorgehen.

Einschätzungsskalen zur Qualitätssicherung dienen unter Umständen als Anregung für die Konzipierung von Forschungsplänen. Hilfreich sind Beobachtungsverfahren (wie Kuno Bellers Entwicklungstabellen, Leuvener Engagiertheitsskala u.a.), ergänzende Interviews mit Erziehern und Leitung sowie die Auswertung von Unterlagen und Materialien (Konzeptionen, Bestand an Fachbüchern, Tagespläne, Elterninformationen, Planungs- und Beobachtungsunterlagen, Eingewöhnungskonzepte u.a.) mittels Inhaltsanalysen.

Literatur:

Atteslander, P. (2003): Methoden der empirischen Sozialforschung, Berlin.

Bohl, T. (2008): Wissenschaftliches Arbeiten im Studium der Pädagogik, Weinheim und Basel.

Friedrichs, J. (2006): Methoden empirischer Sozialforschung, Opladen.

Horst, U./Ohly, K.P. (Hrsg.) (2003): Lernmethoden – Arbeitstechniken, Selze/Velber.

Stickel-Wolf, Ch./Wolf, J. (2005): Wissenschaftliches Arbeiten und Lerntechniken, Wiesbaden.

Schlecht, D./Förster, C. u.a. (2008): Kita – Wie gut sind wir? Berlin.

9 Die Vorbereitung für das Schreiben: Pädagogisches Tagebuch, Zeitplan, Schreibblockaden

Pädagogisches Tagebuch

Die zeitlichen Vorgaben für das Einreichen des Themenvorschlags, für Beratungsgespräche und für das eigentliche Schreiben der Arbeit sind überall unterschiedlich. Hier können deshalb nur allgemeine Ratschläge für die Zeitplanung und den zeitlichen Ablauf gegeben werden, die aber auf den Erfahrungen vieler Studierender beruhen.

> **TIPP** Beschäftigen Sie sich möglichst frühzeitig mit der Themenwahl oder dem Schwerpunkt Ihrer Arbeit, auch wenn Sie zu diesem Zeitpunkt noch den Eindruck haben, Sie hätten noch ewig Zeit und der Abgabetermin „ist ja erst nächstes Jahr".

Machen Sie sich zu Anfang noch keine Gedanken um die konkrete Formulierung des Titels, sondern überlegen Sie, was Sie interessieren könnte. Ein wichtiges Hilfsmittel ist ein pädagogisches Tagebuch. Ein Tagebuch ist etwas sehr Privates, es ist für niemanden anders bestimmt und gewissermaßen ein Dialog mit sich selbst. Ebenso sollte das pädagogische Tagebuch für niemanden außer für Sie selbst sein. Machen Sie während eines Praktikums **täglich Notizen** nach dem Muster „Was war neu für mich? Was gefiel mir heute? Was gefiel mir nicht? Wo muss ich noch einmal nachfragen? Was war interessant? Was fand ich bei den Kindern bemerkenswert?"

Auch in der Einrichtung sind Sie in erster Linie Lernende.

Während Ihrer Praktika machen Sie täglich viele neue Erfahrungen, die niemand behalten kann. Wahrscheinlich kann man sich nur das Allerwichtigste oder Situationen merken, in denen man gefühlsmäßig stark involviert war. Aber wenn Sie auf der Heimfahrt oder abends zu Hause nur für 10 Minuten einige Stichpunkte notieren, wird Ihnen das später sehr helfen, sich an immer wiederkehrende Situationen oder Fragen zu erinnern – oder an Vorkommnisse, die für sich allein genommen weniger wichtig waren, aber durch ihre Wiederholung an Bedeutung gewannen. Wenn Sie dieses Tagebuch auf Papier schreiben, sollten Sie großzügig mit farbigen Markierungen arbeiten oder später, beim Durchlesen, Verweise einfügen. Vielleicht nutzen Sie auch Zeichnungen, die helfen, sich an Spiele, Fingerspiele oder Ähnliches zu erinnern. Ihr Tagebuch sollte ebenso Platz haben für kurze Betrachtungen über Themen, die Ihnen wichtig erscheinen. Apropos wichtig: Sie können in eine Situation kommen, wo Sie gefragt werden: „Sie sagen, dass Meike schon öfters dieses oder jenes Verhalten gezeigt hat. Wissen Sie noch, wann das war? Das wäre für eine Erklärung doch wichtig." Vielleicht war Ihnen dies ja aufgefallen und Sie können anhand Ihres Tagebucheintrags einen Hinweis geben. Aber auch außerhalb der Praktika können Sie

Sie können das Tagebuch gut zu einer Mappe erweitern – aber bleiben Sie „problembewusst".

wichtige pädagogische Fragen im Tagebuch notieren oder (wenn Sie es im A4-Format anlegen) Fotos oder Texte einkleben.

Wenn Sie eine **Idee für ein mögliches Thema** haben, machen Sie sich regelmäßig Notizen dazu in Ihr pädagogisches Tagebuch. Vielleicht kennen Sie folgendes Phänomen: Wenn man sich mit irgendetwas stark beschäftigt, fällt einem plötzlich bei jeder Gelegenheit etwas dazu auf oder ein. Wenn Sie sich für ein Facharbeitsthema entschieden haben, fallen Ihnen in der Schule, in der Praxis oder in den Medien plötzlich überall Bezüge zu diesem Thema auf. Dann: Schnell das Tagebuch zücken und einen Eintrag machen!

Sie haben das Thema für die Arbeit, aber Sie wissen noch nicht genau, wo die Reise hingehen wird, und das beunruhigt Sie? Kein Problem, denn wenn Sie sich an den Rat halten, mit Freunden oder Mitstudierenden im Austausch zu bleiben, werden sich im Laufe der Zeit Ihre Gedanken dazu weiterentwickeln, denn mit jedem Gespräch, mit jeder Antwort auf Gegenfragen fallen Ihnen neue Aspekte des Themas ein – und indem Sie Ihre eigenen Gedanken anderen darlegen, sind Sie gezwungen, sie zu strukturieren.

Zeitplan

> **TIPP** Wenn das Thema und die Fragestellung für Ihre Arbeit feststehen, machen Sie sich einen Zeitplan für Ihre einzelnen Arbeitsschritte.

Machen Sie sich klar, zu welchem Arbeitstyp Sie gehören!

Es gibt Menschen, die behaupten, nur unter Druck arbeiten zu können. Sie fangen 14 Tage vor dem Abgabetermin an zu arbeiten, werden vor lauter Stress krank und bitten mit Verweis auf ihre Krankheit um eine Verlängerung. Unter größten Belastungen für Partner und Familie geben sie schließlich etwas ab, woran sie sich später nur ungern erinnern und müssen das noch in einem Kolloquium oder Fachgespräch vertreten. Ersparen Sie sich und anderen den Stress und machen Sie die Arbeit zu einem positiven Erlebnis, das einen wirklichen Lern- und Erfahrungszuwachs für Sie birgt!

Pinnen Sie sich Ihren Zeitplan an die Wand oder heben Sie ihn dort auf, wo Ihr Blick ständig darauf fällt. Es gibt für jeden Menschen Situationen, in denen er besonders gut arbeiten kann – morgens oder abends, am Wochenende oder wenn an diesem Tag alles erledigt ist oder um andere, unangenehmere Tätigkeiten zu vermeiden. Manchmal putzt man auch die Fenster, nur um sich vor der Arbeit zu drücken. Das schadet nichts – wenn man es weiß. Finden Sie heraus, wann und wie Sie am besten arbeiten können. Zu Hause? In der Bibliothek? In einem Café? An einem Tisch? Auf dem Bauch liegend? Hauptsache, es hilft.

Lassen Sie am Ende – je nach Bearbeitungsdauer – einen zeitlichen Puffer für Unvorhergesehenes und für letzte Korrekturarbeiten. Wenn Sie auf andere Menschen angewiesen sind, um sie z.B. Korrektur lesen zu lassen oder um die Arbeit zum Binden zu bringen, dauert dies oft länger, als man denkt. Noch ein weiterer Aspekt: Sie haben bestimmt schon davon gehört, dass fast jede, die eine Examensarbeit abgegeben hat, hinterher klagt: „Ich hätte noch so viel mehr schreiben können! Das ist ja nur ein Bruchteil des gesamtem Themas!". Das ist ein typisches Post-Examens-Syndrom, da man im Zuge seiner Arbeit meist so viel Fachliteratur gelesen hat, dass einem der umfangmäßige Kontrast zwischen der eigenen Arbeit und der gesamten zum Thema verfügbaren Literatur sehr stark bewusst ist. Das ist auch richtig so, denn es ist ja Ihre Aufgabe, zu einer bestimmten, eingegrenzten Fragestellung Position zu beziehen. Eine globale Themenstellung wie „Zweisprachigkeit in der Kita fördern" kann daher nur zu Frust führen, denn das Thema ist einfach zu weit. Hier kommt der Zeitplan ins Spiel, denn er hilft Ihnen, keinen Arbeitsschritt endlos auszudehnen, sondern sich immer wieder auf das eigentliche Thema zu beschränken.

> **TIPP** Planen Sie etwa die **Hälfte der Zeit** für die Literaturrecherche sowie für die Vorarbeiten einschließlich Erstellen einer vorläufigen Gliederung ein.
>
> Sollten Sie eine Umfrage, Interviews oder eine eigene Untersuchung durchführen, sollten Sie diese auch jeweils frühzeitig angehen.

Empirische Arbeit ist sehr zeitaufwendig.

Interviews und Untersuchungen nehmen eine Menge Zeit in Anspruch, denn Sie müssen sich nach den Zeitplänen anderer Leute richten. Sollten Sie Fragebögen ausgeben, dauert es oft länger als geplant, bis Sie sie zurückerhalten. Auch die Auswertung und eventuelle grafische Darstellung dauert meist sehr lange. Entwickeln Sie frühzeitig ein System, wie Sie gefundene Informationen und Texte speichern. Am einfachsten ist die gute alte **Karteikarte**, weil sie zu Beginn vielleicht nur ein Stichwort und einen Literaturhinweis enthält, aber unendlich erweiterbar und variabel ist. Etwas effektiver ist es, sich *Ordner* und *Dokumente* auf dem Computer anzulegen. Auch, wenn es mühevoll ist: Geben Sie jeder Karteikarte, jedem Ordner und jedem Dokument einen treffenden Titel und legen Sie für jedes relevante Buch und jeden wichtigen Zeitschriftenaufsatz eine eigene Karteikarte oder Dokument an, mit genauen bibliografischen Angaben und, bei einem Bibliotheks-Buch, der Signatur für schnelleres Wiederfinden. **Vergessen Sie nicht, Ihre Daten zu sichern**. Am einfachsten: Kopieren Sie jeden Abend all jene Ordner, die Daten zur Facharbeit enthalten, auf einen eigenen USB-Stick oder auf eine externe Festplatte.

Speichern Sie Ihre Arbeitsergebnisse!

Wenn Ihre Zeit für die Literaturrecherche laut Zeitplan abgelaufen ist, ziehen Sie einen Strich! Niemand verbietet Ihnen, falls Sie noch auf gute

Literatur stoßen, diese einzuarbeiten, aber sagen Sie sich bewusst: „Jetzt beginnt Phase Zwei!"

Sie haben jetzt noch die Hälfte der Zeit zum Schreiben, zum Auswerten, zum Abtippen und für die Schlussarbeiten sowie für Unvorhergesehenes. Das kann eine Menge sein – hier die Ranking-Liste für „Unvorhergesehenes":

- Die Liste wird eindeutig angeführt von Computer- bzw. Drucker-Problemen, das reicht von „Mein Drucker ist zusammengebrochen" bis zu „Ich wollte es heute bei meinem Freund ausdrucken, habe aber den Datenstick zu Hause gelassen, und bis ich ihn geholt habe, ist mein Freund zur Arbeit und ich komme nicht an seinen Computer".
- Auf Platz 2 stehen Probleme mit den Dateien: „Als ich die einzelnen Dateien zusammenfügen wollte, sah auf einmal alles ganz anders aus und ich musste es total neu formatieren, das hat eine Ewigkeit gedauert."
- Auf Platz 3 rangiert: „Ich habe alles zusammen und bin eigentlich auch fertig, aber ich muss noch ein paar Punkte formulieren" sowie „Ich war die letzten zwei Wochen total krank (s. o.!) und habe nichts geschafft."

Die letzten Tage

Computer-Rechtschreibprogramme sind sinnvoll, wenn es um Tippfehler geht – aber mehr auch nicht!

Lesen Sie noch einmal alles Korrektur und verlassen Sie sich nicht auf das Rechtschreibprogramm des Computers. Nehmen Sie dazu einen Duden zur Hand, das geht besser, als bei jeder Frage ins Internet zu gehen. Sie können die Arbeit auch auf grammatische Korrektheit, Zeichensetzung und stilistische Verständlichkeit Korrektur lesen lassen. Was Sie nicht tun dürfen: sich fachlich beraten lassen. Das ist weder erlaubt noch sinnvoll, denn natürlich können die Auffassungen verschiedener Sozialpädagogen voneinander abweichen und das würde zu diesem Zeitpunkt – **beim Korrekturlesen**, wenn also alles fast fertig ist – zu erheblichen Irritationen bei Ihnen führen. Besser ist es, **während des Schreibens** mit fachkundigen Menschen über den Fortschritt Ihrer Arbeit zu sprechen und von Mitstudierenden oder Anleiterinnen Meinungen einzuholen.

Wenn Sie die Arbeit – nach den Vorgaben Ihrer Einrichtung – ausgedruckt, geheftet oder gebunden und abgegeben haben und Sie haben ein paar Tage Zeitgewonnen: Belohnen Sie sich! Gehen Sie shoppen, gehen Sie schwimmen oder in die Sauna, kochen Sie etwas für alle Freunde!

> **ZUSAMMENGEFASST** Jeder Mensch hat seine eigene Arbeitsmethode und Arbeitsplanung, deshalb wird hier auch kein Zeitplan vorgegeben.
> ABER: Machen Sie sich einen Zeitplan, der Ihrer Arbeitsmethode am besten entspricht, und verlassen Sie sich nicht darauf, dass Sie nur unter Druck arbeiten können. Das ist Unsinn und gefährlich.
> - Planen Sie Unvorhersehbares ein (Krankheit, Schreibblockaden u. a.).
> - Planen Sie Hardware-Probleme ein (Computer, Drucker, Druckertinte, Kopierer) und treffen Sie Vorsorge.
> - Speichern Sie Ihre Arbeitsergebnisse.
> - Dokumentieren Sie alles, was Sie gelesen haben und brauchbar sein könnte.

Schreibblockaden („Aufschieberitis")

Schreibblockaden sind ein Phänomen, das fast jeder kennt, der sich einmal an eine längere Seminararbeit oder Abschlussarbeit gesetzt hat. Sie können die unterschiedlichsten Ursachen haben: Man weiß nicht, wo und wie man anfangen soll, man findet keine innere Ruhe, um sich zu konzentrieren, man lässt sich leicht ablenken. Wenn man schon am Computer sitzt und es fällt einem nichts ein, kann man sich ja kurz mit YouTube ablenken oder schnell E-Mails checken. Aber das ist ein Teufelskreis: Am Ende des Tages fühlt man sich nutzlos und frustriert und diese so empfundene Versagenserfahrung lähmt einen am nächsten Tag nur umso mehr.

Schreibblockaden sind ein Teufelskreis, den Sie ernst nehmen müssen: Sprechen Sie das Problem mit Ihrem Partner oder guten Freund an.

Schreibblockaden haben nichts mit mangelnder Begabung oder geringer Intelligenz zu tun („ich bin einfach zu doof dafür"), sondern häufig eher mit dem Gegenteil: mit dem Wunsch nach Perfektionismus und der Angst, seine eigenen hohen Ansprüche nicht zu erfüllen. Dies, zusammen mit dem Gefühl, man hätte ja noch eine Menge Zeit, führt gerade bei Studenten oft zu schweren Fällen von Arbeitsblockaden. Als **Gegenmittel** wird von Uni-Dozenten häufig empfohlen:

- Sich ein Thema für die Arbeit suchen, das einen wirklich interessiert, auch wenn man anfangs noch nicht genau weiß, wie man es bearbeiten soll,
- an unterschiedlichen Orten arbeiten, z. B. in der Schulbibliothek oder in schulischen Arbeitsräumen, viele öffentliche Büchereien haben auch Arbeitsplätze, und natürlich:
- einen Zeitplan machen, d.h. Arbeitstage in den Kalender eintragen, für die man keine Verabredungen trifft, sich für die einzelnen Schritte einer Arbeit Fristen setzen,
- und sich zwischendurch belohnen („Wenn ich mit dem Kapitel fertig bin, mache ich ein ganzes Wochenende überhaupt nichts für die Schule!").
- Seien Sie ehrlich mit sich selbst und lassen Sie keine Ausreden gelten („Die Fenster müssten schon ewig mal geputzt werden!").

10 Wie man beim Schreiben vorgeht

Es ist sinnvoll, auf dem Zeitplan die nächsten Arbeitsschritte zu vermerken.

Die Anlage einer Arbeit nach wissenschaftlichen Maßstäben erfordert eine ganze Reihe von Arbeitsschritten inhaltlicher, organisatorischer und technischer Art. Auch wenn zu Beginn das Thema und die Arbeit am Text riesengroß im Vordergrund stehen – es muss vieles bedacht werden im Lauf der Arbeit und wenn man nur einen Aspekt vor sich herschiebt, kann er einen zum Schluss in Zeitnot bringen. Gerade jene Teile der Arbeit, für die Sie auf die Mithilfe anderer Menschen angewiesen sind, können zu Stolperfallen werden, Beispiel Befragungen und Umfragen: Sie müssen sich mit anderen verbreden, auf Terminschwierigkeiten reagieren, eventuell sogar mit kurzfristigen Absagen rechnen. Und: Sie müssen damit rechnen, dass die Technik Ihnen einen Strich durch die Rechnung macht, Stichwort Computer und Drucker.

Die folgende Liste von Teilarbeiten ist natürlich weder vollständig, noch trifft sie auf alle gleichermaßen zu. Sie soll dazu dienen, bei der Planung der Arbeitsschritte einen Überblick zu erhalten, was alles für die Fertigstellung nötig werden kann. Zu vielen dieser Stichworte finden Sie ein Kapitel in diesem Buch.

Vorarbeiten
- Vorläufige Gliederung erstellen
- Arbeitstagebuch anlegen: eine leere Seite pro Kapitel (mindestens)
- Einen Zeitplan anlegen
- Sich mit Textprogrammen vertraut machen (Seitenlayout, Formatvorlagen, Dezimalklassifikation), falls noch nicht damit bekannt
- Vorwort (vorläufig) entwerfen

Hauptarbeit
- Einleitung mit den zu untersuchenden Fragestellungen und Hypothesen entwerfen
- Literaturrecherche (Bücher ausleihen, rechtzeitig!), Internetrecherche
- Material besorgen (Kopien zentraler Aufsätze und Artikel aus Zeitschriften)
- Untersuchung planen, Fragebogen entwerfen
- Kontakte für die Untersuchung rechtzeitig herstellen (Termine für Interviews/ Beobachtungen)

[Halbzeit!]

Vgl. hierzu S. 53/54.

- Arbeit am Text in mehreren Etappen (nicht versuchen, den gesamten Text in einem Durchgang zu schreiben)
- Zwischenbericht diskutieren in mehreren Etappen
- Untersuchung durchführen (Interviews führen, Beobachtungen durchführen, Daten zusammenstellen) und auswerten
- Einleitung überarbeiten und Schlusskapitel verfassen

Abschlussarbeiten

- Gliederung überarbeiten (Sind Abschnitte überflüssig? Sind Ergänzungen nötig?)
- Redaktion (Literaturverzeichnis erstellen, Anhänge zusammenstellen, Titelblatt und Erklärungen anfertigen)
- Text endgültig formatieren, Seitenlayout fertigstellen
- Korrektur lesen (lassen)
- Arbeit kopieren/drucken lassen

Zum Punkt „Arbeit am Text": Dies ist natürlich der zentrale, wichtigste Arbeitsschritt. All das, was man im Kopf hat – Erfahrungen, Erlerntes, Gelesenes – zu Papier bringen. Hierbei geht jeder Mensch anders vor, deshalb nur allgemeine Ratschläge, die für einige zutreffen mögen, für andere nicht:

Tipps zum Schreiben

Schreiben Sie sich ein! Beginnen Sie nicht mit einer wichtigen Frage oder mit dem Hauptteil der Arbeit, sondern machen Sie Vorarbeiten, die Ihnen relativ leicht fallen, fassen Sie z. B. ein Buch oder einen Aufsatz, der Ihnen wichtig erscheint, zusammen. Wenn Sie dies einige Male gemacht haben, gelingt es Ihnen leichter, eine Zusammenfassung zu schreiben. So arbeiten Sie sich von leichten zu schwierigen Textaufgaben vor.

Schreiben Sie kurze, in sich abgeschlossene Kapitel von maximal zwei Seiten. Das sind überschaubare Arbeitseinheiten und wenn Sie eines davon mangelhaft verfasst haben, können Sie es später isoliert überarbeiten.

Wenn Sie beim Schreiben feststellen, dass Sie in ein „Flow" geraten, also sich ein Gedanke fast automatisch aus dem anderen ergibt – lassen Sie es fließen, tüfteln Sie nicht an einzelnen Ausdrücken herum, verfolgen Sie nur das große Ganze. Die Überarbeitung (sprachlich, stilistisch, Satzbau) sowie die Suche nach eventuellen Belegen in der Fachliteratur sollten Sie erst später machen, vielleicht sogar Tage danach mit etwas Abstand.

Nutzen Sie die Möglichkeiten, die das Schreiben am Computer Ihnen bietet, indem Sie beliebig oft neu beginnen können, Passagen kopieren, Sätze umstellen usw.

Schreiben Sie in einfachen, kurzen Sätzen, nach dem Motto „Ein Gedanke, ein Satz". Wenn ein Satz länger als drei bis vier Zeilen wird, schauen Sie ihn sich noch einmal kritisch an. Dabei sollten Sie beweisen, dass Sie die Fachsprache beherrschen, jedoch nicht in Fachjargon verfallen. Das heißt: Wo es ein gutes Alltagswort gibt, das den Sachverhalt genau trifft, müssen Sie nicht unbedingt nach einem Fachwort suchen. Dies führt zum nächsten Punkt:

„Was man wirklich verstanden hat, kann man auch verständlich ausdrücken". Denken Sie an den Leser oder die Leserin. Schreiben Sie sachlich und drücken Sie sich neutral aus, für die Bekräftigung der eigenen Position ist die Ich-Form zulässig.

Zum Schluss: Denken Sie immer an die Leser, denn die möchten Sie „mitnehmen".

> **ZUSAMMENGEFASST** Zum Abfassen einer schriftlichen Abschlussarbeit gehört ein gewisses Handwerkszeug und das Wissen, wie man es benutzt. Es gehören auch Planung und Vorarbeit dazu. (Wenn Sie ein Zimmer neu streichen wollen, geht auch die Hälfte der Zeit dafür drauf, es auszuräumen, abzukleben, Material zu besorgen und es anschließend zu säubern und wieder einzuräumen.) Die einzelnen Handgriffe der Arbeit haben Sie in der Oberschule und in den ersten beiden Jahren der Fachschule längst gelernt, in Projekten, Referaten, Präsentationen. Nun kommt es darauf an, all diese Fähigkeiten für Ihr „Gesellenstück" zu bündeln.

VON DER RECHERCHE ZUR DOKUMENTATION

TEIL 4

11 Grundlagenliteratur und Übersichtswerke

Beispiel Literaturrecherche

Sie wollen untersuchen, ob Einzelkinder in besonderem Maße vom Besuch einer Kindertagesstätte profitieren. Ihre These lautet, dass Einzelkindern der Kontakt zu anderen Kindern zu Hause fehlt und sie deshalb einen großen Nutzen von der Kindergruppe haben. Da Sie eine gründliche Person sind, wollen Sie zuerst einige Seiten zur Geschichte von Kindheit und Familie schreiben, um zu untersuchen, wie Kinder früher aufgewachsen sind und inwiefern sich dies von der Kindheit heute unterscheidet.

Über die Geschichte der Kindheit gibt es einige altbekannte **Standardwerke** von Ariès, deMause und Weber-Kellermann. Die müssen Sie nicht ganz gelesen haben, aber Sie sollten durch die Auswahl aussagekräftiger Zitate nachweisen, dass Sie die Hauptinhalte und Standpunkte der jeweiligen Autoren kennen. Dabei können Sie durchaus auch selbst einen Standpunkt beziehen und zustimmen oder einschränken. Um die Entwicklung der Familiengrößen und der Kinderzahl auch zahlenmäßig aktuell zu dokumentieren, können Sie **aktuelles statistisches Datenmaterial** benutzen,

Standardwerke

Aktuelles Datenmaterial

Aktuelle Standardliteratur

wie man es z. B. beim Statistischen Bundesamt, beim Familienministerium oder bei der Bundeszentrale für politische Bildung finden kann, jeweils in den aktuellen Jahresberichten. Dann gibt es **aktuelle Standardliteratur** zu den Themen Familie und Erziehung, z. B. von Jurczyk, Nave-Herz, Richter, Burkart, Marx.

Datenbanken Fachportale Fachzeitschriften

Ganz aktuelle Veröffentlichungen und Stellungnahmen kann man in den einschlägigen Datenbanken und Fachportalen finden, die z. B. hier im Buch aufgelistet sind, wie dem *Online-Handbuch Kindergartenpädagogik*. Auf *Socialnet* finden Sie ausführliche Rezensionen von Neuerscheinungen zu sozialpädagogischen Themen. In Fachzeitschriften wie *TPS* oder *kindergarten heute* finden Sie mithilfe der Suchfunktionen im Internet auch rasch, ob es Artikel oder Sonderhefte zu den gewünschten Themen gibt.

Bibliotheken

Wenn Sie all diese Quellen nutzen, haben Sie eine sehr gute Basis. Gehen Sie auch in eine Bibliothek – an Ihrer Schule, in einer nahegelegenen Fachhochschule oder in einer größeren Stadtbücherei – und stöbern Sie in den Regalen. Wenn Sie diese Suche frühzeitig durchführen, zum Zeitpunkt der Materialrecherche, fällt Ihnen vielleicht ein neuer Aspekt Ihrer Fragestellung ein, den Sie bisher übersehen hatten.

OPAC-Programm

Das Auffinden geeigneter Literatur ist ein wesentlicher Bestandteil wissenschaftlicher Arbeit – also hoffen Sie nicht darauf, dass Ihre Lehrerin oder Ihr Lehrer Ihnen für Ihr Thema Literaturhinweise gibt. Die Grundlagenliteratur für die einzelnen Lernbereiche sollte ohnehin im Unterricht behandelt und eventuell in Gruppenarbeiten oder Referaten benutzt worden sein. Nehmen Sie sich die Zeit, in Ihrer Schulbibliothek zu stöbern – der Vorteil ist, dass Sie das Buch in die Hand nehmen und mit wenigen Blicken auf den Klappentext oder das Inhaltsverzeichnis erkennen können, ob es für Sie brauchbar ist. In vielen Bibliothekscomputern ist das *OPAC-Programm* zur Literaturrecherche installiert, also ein elektronischer Katalog, der Ihnen auch sagen kann, wo der gefundene Titel steht und ob er verfügbar ist. Unter „Links" finden Sie auf der OPAC-Startseite oft Verweise auf wissenschaftliche und andere Bibliotheken Ihrer Region mit Suchfunktionen.

Datenbanken

Wichtige Datenbanken zu Fachliteratur und Fachzeitschriften der Sozialpädagogik finden Sie hier:

Deutscher Bildungsserver

www.bildungsserver.de/Sozialpaedagogik-1515.html und
www.bildungsserver.de/Erziehungswissenschaftliche-Literaturdatenbanken-994.html

Deutsches Zentralinstitut für soziale Fragen
www.dzi.de/dzi-institut/literaturdatenbank/

Finden weiterer Literatur

Häufig kann man sich von einem Buch zu vielen anderen „weiterhangeln": Wenn Sie ein Grundlagen- oder Überblickswerk zu Ihrem Fachgebiet gefunden haben, steht im Literaturverzeichnis in der Regel weiterführende Literatur. Bei der Menge und der raschen Zunahme guter Fachliteratur können hier natürlich keine Tipps gegeben werden, aber in sozialpädagogischen Überblickswerken findet man oft genau die Spezialliteratur, die man sucht.

12 Pädagogische Fachzeitschriften

Pädagogische Fachzeitschriften sind eine hervorragende, abwechslungsreiche und aktuelle Informationsquelle für viele praxisbezogene Themen und Hintergrundanalysen. Trotzdem werden sie für den Unterricht und als Informationsquelle für Referate, Projekte und Abschlussarbeiten zu wenig genutzt. Weshalb? Wenn überhaupt, dann gibt es häufig nur ein Einzelexemplar in der Bibliothek oder bei der Fachleitung Sozialpädagogik. Klassensätze gibt es naturgemäß kaum. Für die Arbeit in der Lerngruppe müsste also kostenaufwendig kopiert werden. Viele Zeitschriften erscheinen monatlich, außer in den Ferien; wenn eine Schule nur vier Stück abonniert, ist es schwierig, den Überblick zu behalten. Trotzdem: Im Idealfall werden einige Titel in der Bibliothek jahrgangsweise gesammelt und da viele Zeitschriften Themenschwerpunkte haben, ist es ein Leichtes, bei der Recherche zu einem bestimmten Thema die vorhandenen Exemplare durchzusehen.

Machen Sie es sich zur Gewohnheit, in Freistunden in der Schulbibliothek in pädagogischen Fachzeitschriften zu blättern!

Im Folgenden sind die wichtigsten Zeitschriften mit ihren Schwerpunkten und Zielgruppen vorgestellt und kommentiert. Es gibt Zeitschriften speziell für die Kindertagesstätte, solche mit einer breiteren Zielgruppe (Aus- und Weiterbildung sowie pädagogische Praxis), von/für Wissenschaft, Jugendämter und Verbände.

TPS – Theorie und Praxis der Sozialpädagogik
Leben, Lernen und Arbeiten in der Kita

Jedes Heft hat einen Themenschwerpunkt, z. B. Spiel, Bildungspläne, Altersmischung, Das lernende Team, Professionalität, Gesundheit, Draußen sein, Inklusion.
Es gibt jeweils Hintergrundartikel („Kontext") von bekannten Autoren und ausgewiesenen Fachleuten des jeweiligen Gebiets sowie praxisorientierte Berichte („Werkstatt"), z. B. Beobachtungen oder Analysen aus der Praxis.
Die Autoren sind Sozialpädagogen aller Berufsgruppen: Kita-Leiterinnen, Erzieherinnen, wissenschaftliche Mitarbeiterinnen, Hochschullehrerinnen, Buchautorinnen, Beraterinnen aus der Fortbildung.
Die Zeitschrift ist erste Wahl für die themenbezogene Recherche für den Kindergartenbereich. Die Materialien sind sowohl für den Unterricht wie für Projekte und Abschlussarbeiten geeignet.

Verlag: Klett-Kita, URL: www.klett-kita.de/kitaleitung/tps

Sie erscheint 12-mal pro Jahr, ein Abonnement kostet 72,00 Euro + Versand (Stand Frühjahr 2019).

kindergarten heute
Die Fachzeitschrift für Erziehung, Bildung und Betreuung von Kindern

Jede Ausgabe hat unterschiedliche Rubriken, z.B.: Fachwissen Pädagogik; Beruf und fachliche Qualifizierung; Dossier Kinder unter drei; Praxis; Rahmenbedingungen und Politik; Service; Resilienz; Bildungsarbeit konkret.
Daneben hat jedes Heft 2–3 Schwerpunkte, z.B.: Interkulturelle Handlungskompetenz; tiergestützte Pädagogik; Kleinstkinder bei Konflikten unterstützen; eine sichere Bindung entwickeln.
Inhaltlicher Schwerpunkt ist die Arbeit in der Kindertagesstätte mit einem Fokus auf Tagesbetreuung für Kinder unter drei Jahren. Autorinnen sind Sozialpädagoginnen, Heilpädagoginnen, Erzieherinnen, Psychologinnen.
Sehr lesefreundliche, magazinartige Gestaltung. Für Unterricht und Praktikumsberichte gut geeignet.

Verlag: Herder, URL: www.kindergarten-heute.de

Sie erscheint 10-mal pro Jahr, ein Abonnement kostet 65,00 Euro + 12,00 Euro Versand (Stand Frühjahr 2019).

Frühe Bildung
Interdisziplinäre Zeitschrift für Forschung, Ausbildung und Praxis

Die Zeitschrift hat meist ein Schwerpunktthema wie: Frühe Medienbildung; Bildungsmonitoring; Verhaltensauffälligkeiten im Kindergartenalter; kompensatorische Sprachförderung; Migration und Bildung in der frühen Kindheit; Förderung der sozial-emotionalen Entwicklung. Es gibt auch sogenannte „Freie Beiträge" zu unterschiedlichen Themen.
Herausgeber und Autoren kommen fast ausschließlich aus Wissenschaft, Hochschule, Forschung.
Thematisch ist die Zeitschrift konzentriert auf frühe Bildung bis Schuleingangsstufe sowie auf die Professionalisierung pädagogischer Fachkräfte.
Für Abschlussarbeiten mit einem wissenschaftliche Anspruch gut geeignet, aber teuer.

Verlag: Hogrefe, URL: www.hogrefe.de/zeitschriften/fruehe-bildung

Sie erscheint 4-mal pro Jahr für 71,00 Euro (für Privatpersonen – bzw. 133,00 Euro/Jahr für Institutionen; Stand Frühjahr 2019).

Forum Jugendhilfe

Ein (oder mehrere) Schwerpunkt/e pro Heft, z. B.: 25 Jahre UN-Kinderrechtskonvention; Jugendhilferecht; Familienförderung; Hilfen zur Erziehung; Jugendhilfestatistik; Jugenddelinquenz; Kinderarmut.
Die Autoren sind Fachleute der Kinder- und Jugendhilfe aus Politik, Verwaltung, Justiz, Verbänden.
Der thematische Schwerpunkt ist durch den Titel klar gesetzt: Kinder- und Jugendhilfe, Hilfen zur Erziehung, Kinderrechte.
Die Zeitschrift ist für Arbeiten aus dem Bereich Jugend/Jugendhilfe gut geeignet, hat allerdings einen gewissen „offiziellen" Charakter.

Verlag: Die Zeitschrift wird herausgegeben von der Arbeitsgemeinschaft für Kinder- und Jugendhilfe, URL: www.agj.de/Fachzeitschrift-FORUM-Jugendhilfe.90.0.html

Sie erscheint 4-mal pro Jahr, das Abonnement kostet 25,00 Euro (Stand Frühjahr 2019).

klein & groß
Lebensorte für Kinder

Richtet sich an Erzieherinnen in der Praxis, besonders in der Kindertagesstätte, mit Themenschwerpunkten wie Resilienz bei Kindern und Erwachsenen stärken; Selbstbewusstsein im Berufsalltag; Beobachtung und Dokumentation im Kita-Alltag; Selbstmanagement im Beruf; Sexualerziehung – ein Tabuthema?; Nachhaltigkeit und Umweltbewusstsein sowie Berichte aus der Praxis, aus dem Ausland, über Beruf und Karriere.
Die Autorinnen umfassen ein breites Spektrum von Erzieherinnen, Sozialpädagoginnen und unterschiedlichen Fachleuten.
Gut geeignet, um sich darüber zu informieren, was zurzeit in Kita und Berufsalltag angesagt ist oder um weiterführende Literatur zu recherchieren.

Verlag: Oldenbourg, URL: www.oldenbourg-klick.de/zeitschriften/kleingross/home

Erscheint 10-mal pro Jahr für 54,00 Euro (für Studierende 40,50 Euro) zuzüglich Versand (Stand Frühjahr 2019).

Betrifft KINDER
Das Praxisjournal für ErzieherInnen, Eltern und GrundschullehrerInnen heute

Jedes Heft hat ein Schwerpunktthema („Hauptsache"), z.B. Lass mich spielen, In der Forscherwelt, Vom Gedächtnis unseres Körpers, Was heißt Frühförderung im Kindergarten?, Erzieherinnenausbildung 3.0, Sammeln, Entdecken und Gestalten, Die Ausbildung neu denken, außerdem Projektberichte (Werkstatt) und Hintergrundartikel (Wissen).
Die Zeitschrift hat ein breites Spektrum an festen und freien Autorinnen aus allen Sparten der Sozialpädagogik und Weiterbildung.
Zweimal im Jahr ist im Abonnement das Zusatzheft „KINDER in Europa" inbegriffen, mit Berichten und Kommentaren aus vielen europäischen Ländern. Betrifft KINDER kooperiert mit der österreichischen Zeitschrift „Unsere Kinder".
Wie der Untertitel schon sagt, ein überwiegend praxisbezogenes Journal mit einem Fokus auf Ausbildungsfragen. Anzeigenfrei.

Verlag das netz, URL: www.verlagdasnetz.de

Erscheint 6-mal pro Jahr, plus 2-mal Kinder extra, plus 1-mal Kinder in Europa 48,00 Euro, für Studierende 36,00, jeweils plus Versand (Stand Frühjahr 2019).

Die Zeitschrift hat ihr Erscheinen eingestellt, zurückliegende Exemplare sind jedoch noch portofrei über die Homepage erhältlich. Nachfolger: Wolfgang Dohrmann, Christian Schubert, Johannes Sumser: Beiträge aus der sozialpädagogischen Ausbildung. Jahrbuch 2019. Berlin: Dohrmann 2019.

Beiträge aus der sozialpädagogischen Ausbildung

Jedes Heft bietet 2–4 Artikel, die leicht bearbeitete Facharbeiten von Studierenden an Fachschulen und Fachakademien für Sozialpädagogik sowie Bachelor-Arbeiten aus Fachhochschulen enthalten, die besonders innovativ in der Methode oder von der Thematik her hochaktuell sind bzw. die sich mit ausgefalleneren Themen beschäftigen, z. B. „Vorurteilsbewusste Erziehung und kritische Weißseinsforschung", „'Sterben und Tod' in der frühen Kindheit", „Der Pornographiekonsum von Mädchen", „Die Darstellung von Menschen mit Behinderungen in Spielfilmen", „Das Sauberwerden als Akt der Partizipation". Jeder Artikel wird vom betreuenden Dozenten vorgestellt und eingeleitet.
Für die Facharbeit und schulische Forschungsprojekte sehr gut geeignet.

Erscheint im dohrmannVerlag.berlin, URL: www.dohrmann-verlag.de

Außerdem gibt es noch weitere Zeitschriften für spezielle Zielgruppen, z. B.: KiTa aktuell, Welt des Kindes, Diakonie Report, kinderleicht, Kinderzeit für Erzieherinnen und Kitas.

Für einige Lernbereiche gibt es spezielle Fachzeitschriften, z. B.:

Erscheint 12-mal pro Jahr, Abonnement 80,00 Euro inkl. Porto, 70,00 Euro für Studierende (Stand Frühjahr 2019).

eselsohr
Fachzeitschrift für Kinder- und Jugendmedien

Über Bücher und Autoren aus dem Bereich Kinder- und Jugendliteratur.

Verlag: Leseabenteuer; URL: www.eselsohr-leseabenteuer.de/

Erscheint 4-mal pro Jahr, Abonnement 54,00 Euro + Porto, für Studierende 37,80 Euro (Stand Frühjahr 2019).

gruppe & spiel
Zeitschrift für kreative Gruppenarbeit

Themenhefte für die Arbeit mit Kindergruppen.

Verlag: Friedrich, URL: www.friedrich-verlag.de

> **ZUSAMMENGEFASST** Das Stöbern in Zeitschriften ist manchmal zeitaufwendig, aber oft sehr ertragreich und gibt, wegen der Verwendung aktuellen Materials, viele Punkte bei der Bewertung einer Arbeit!

13 Internetquellen

Bei der Literaturrecherche werden Sie neben wissenschaftlichen Werken und Fachzeitschriften auch Internetquellen berücksichtigen. Es ist zweckmäßig, sie im Literaturverzeichnis in einer besonderen Rubrik aufzuzählen. Vergessen Sie nicht, hinter jeder Adressangabe am Ende das **Zugriffsdatum anzugeben**. Ebenso wie bei jeder anderen Literatur wird bei Internetquellen erwartet, dass es sich um wissenschaftlich anerkannte, seriöse Quellen handelt, also Finger weg von Blogs und Chatrooms (außer Sie machen diese und ihre Wirkung auf Jugendliche selbst zum Untersuchungsgegenstand).

Online-Handbuch Kindergartenpädagogik von Martin R. Textor www.kindergartenpaedagogik.de/ Hier finden Sie über 1.200 Artikel rund um Kindheit, Familie, Kindertagesstätte, Jugendhilfe, Jugendrecht, Psychologie etc. Jeder Artikel bzw. jedes Kapitel bietet Buchhinweise, die wiederum zu kommentierten Hinweisen führen. Sehr benutzerfreundlich.	Erzieherin.de ist ein Fachportal rund um Studium, pädagogische Praxis und Weiterbildung für sozialpädagogische Berufe. Zahlreiche Informationen und Fachartikel zur Frühpädagogik und Ausbildung sowie eine Weiterbildungsdatenbank bietet die URL www.erzieherin.de/
www.dji.de Das Deutsche Jugendinstitut (DJI) bietet auf seiner Seite www.dji.de unter „Themen" eine Vielzahl von aktuellen Stellungnahmen, Links und Literaturangaben zu vielen gesellschaftlichen und sozialen Gebieten, von Ausbildung bis Zivilgesellschaft.	Familienhandbuch.de Das Staatsinstitut für Frühpädagogik bietet auf seiner Seite www.familienhandbuch.de/ zahlreiche Artikel zu vielen Themen rund um Familie, Jugend und Kinder, die ständig aktualisiert werden. Eine Fundgrube für viele Themen.
Fachportal Pädagogik – pedocs.de ist ein Internetportal des Deutschen Instituts für Internationale Pädagogische Forschung (DIPF) und stellt wissenschaftliche Beiträge aus dem gesamten Gebiet der Pädagogik online. Über verschiedene Suchfunktionen (Freie Suche, Browsen in pädagogischen Teildisziplinen oder in Zeitschriften) können wissenschaftliche Aufsätze kostenlos heruntergeladen werden. Aufgrund der Materialfülle ist etwas Geduld beim Suchen erforderlich, es wird auch nicht nur aktuelles Material dokumentiert. www.pedocs.de	Socialnet.de ist eine spendengestützte Plattform für Fachinformationen aus der Sozialwirtschaft und bietet unter anderem ein umfangreiches Rezensionsportal. Auf www.socialnet.de/rezensionen/ findet man zahllose Bücher zu allen Gebieten der Sozialpädagogik und Sozialwirtschaft. Man kann aus über 13.000 Rezensionen auswählen, geordnet nach Themenbereich – Schlagwort – Autor– Verlag. Im Themenbereich Jugendhilfe gibt es ein umfangreiches Schlagwortregister. Sehr empfehlenswert für die Literaturrecherche.
Bildungsserver.de Das Deutsche Institut für Internationale Pädagogische Forschung (DIPF) stellt umfangreiche Online-Datenbanken und Links zu vielen Themen zur Verfügung: www.bildungsserver.de/	

14 Das Zitieren

Egal zu welchem Thema Sie schreiben oder wie Ihre Aufgabenstellung lautet: Ihre Arbeit muss in jedem Fall

- auf aktuellen Materialien aufgebaut sein und gleichzeitig
- auf die Standard- oder Grundlagenliteratur des betreffenden Fachgebiets Bezug nehmen.

Dies drückt sich in der verwendeten Literatur aus, wie man sie im Literaturverzeichnis und in der zitierten Literatur findet.
Weiterhin zeichnet sich eine wissenschaftliche Arbeit dadurch aus, dass

- die Argumentation nachvollziehbar und
- die Unterscheidung zwischen eigenem und fremdem Gedankengut eindeutig erkennbar ist.

Beim Zitieren ist nicht nur der Inhalt wichtig, sondern auch die Form.

Ein wichtiger Nachweis für diese Anforderungen ist ein inhaltlich und formal richtiger Umgang mit fremden Quellen, wie er sich in der **Verwendung von Zitaten** sowie im **Verzeichnis der verwendeten Literatur** ausdrückt.

Sie sollten zu einem Thema sowohl aktuelle Veröffentlichungen als auch Grundlagenliteratur heranziehen, die manchmal etwas älter sein kann. Durch die Verwendung der richtigen Sachliteratur demonstrieren Sie nebenbei, dass Sie sich auf dem Gebiet auskennen. Die Leser Ihrer Arbeit werfen oft einen ersten Blick auf das Literaturverzeichnis – wenn dort die wesentlichen Bücher zu dem bearbeiteten Thema nicht aufgeführt sind oder nur obskure Veröffentlichungen, die völlig unbekannt sind oder gar ohne Namensnennung des Verfassers, dann ist Vorsicht angesagt. Woraus man nicht den Umkehrschluss ziehen darf, dass eine gute Literaturliste ein Nachweis für eine gute Arbeit wäre!

Wie wird richtig zitiert?

Beim wörtlichen Zitat wird der gesamte fremde Text in „Anführungsstriche" gesetzt. Innerhalb dieser Zeichen müssen Sie den Text exakt wiedergeben, auch evtentuell in alter Rechtschreibung und mit Tippfehlern. Wenn Sie ein Wort oder einen Satzteil auslassen, setzen Sie drei Punkte in eckige Klammern:

> „Korrektes Zitieren ist […] Pflicht eines jeden wissenschaftlich Arbeitenden." (May, 2010, S. 56)

TIPP Eckige Klammern fügen Sie ein, indem Sie bei **Microsoft Word®** in der Menüleiste „Einfügen" den Befehl „Symbol" anklicken. Dort finden Sie unter anderem die eckigen Klammern. Die andere Möglichkeit: Taste „AltGr" und „8" bzw. „9" drücken.
Open Office: Menüleiste „Einfügen", Befehl „Sonderzeichen".

Wenn Ihr Text direkt in ein gekürztes Zitat übergeht, beginnen Sie mit drei Punkten:

So meint die Autorin, dass „... mit sinkender Kinderzahl pro Familie die eigentliche Familienphase eine kürzere Zeit" dauert.[7]

Die Kurzangabe des Titels in der automatisch eingefügten Fußnote umfasst: Nachname des Autors, Erscheinungsjahr, Buchtitel ohne Untertitel, Seite.

Die Kurzangaben in der Fußnote

Beim indirekten Zitat übernehmen Sie einen wichtigen Gedanken oder eine wichtige Aussage in Ihren eigenen Text:

Die Autorin stellt fest, dass die sogenannte Kleinfamilie, historisch gesehen, eine relativ junge Form des Zusammenlebens von Menschen ist.[8]

Dieses sinngemäße Zitat, also eine indirekte Übernahme eines fremden Gedankens in eigenen Worten, wird im Fußnotentext durch **„Vgl."** gekennzeichnet.

Anmerkungen, die Sie nicht in den Text einbauen möchten, weil sie den Gedankenfluss stören würden, erscheinen ebenfalls als Fußnote, z.B.:

Im Nationalsozialismus war die Erziehung der Kinder eine staatliche Aufgabe, dazu dienten unter anderem verschiedene Kinder- und Jugendorganisationen,[9] während zahlreiche staatliche familienpolitische Maßnahmen[10] den Kinderreichtum fördern sollten.

Der Verweis auf die Wikipedia-Quelle ist als reine Sachinformation hier berechtigt, als wissenschaftliche Quellen taugen Nachschlagewerke jedoch weder in digitaler noch in Papierform – deshalb brauchen sie auch nicht im Literaturverzeichnis angegeben zu werden. Daher wird diese Quelle hier vollständig nachgewiesen, nicht in Kurzform. Die zweite Fußnote enthält eine Aufzählung oder Präzisierung, die den Textfluss gestört hätte. Mit Anmerkungen sollte man allerdings äußerst sparsam umgehen und sich überlegen, ob man diese Informationen nicht besser in den Text integrieren könnte.

Nachschlagewerke müssen nicht ins Literaturverzeichnis aufgenommen werden.

Wenn die gleiche Quelle mehrmals genannt wird, kann die Angabe in der Fußnote in verkürzter Form durch **ebenda** oder **ebd.** erfolgen. Dies kann jedoch problematisch werden, wenn man bei einer Überarbeitung einen neuen Quellenverweis dazwischen schiebt, dann ist das **ebd.** nicht mehr korrekt. Sicherer ist es also, die Quelle in jeder Fußnote anzugeben.

---

[7] Marx, 2013a, Zur Entwicklung von Familienformen, S. 58.

[8] Vgl. Marx, 2013a, Zur Entwicklung von Familienformen, S. 51.

[9] Ein guter Überblick hierzu findet sich unter http://de.wikipedia.org/wiki/Erziehung_im_Nationalsozialismus.

[10] Ehestandsdarlehen, Kinderbeihilfen, Steuerermäßigungen bis zur völligen Steuerfreiheit ab fünf Kindern.

Zitat im Zitat. Wo die zitierte Autorin doppelte Anführungszeichen benutzte, setzen Sie einfache Anführungszeichen:

> Weiter führt Scala aus: „Dieser besondere Bewusstseinszustand innerer Sammlung wird von Friedrich Copei ‚*fruchtbarer Moment*', von Maria Montessori ‚*Polarisation der Aufmerksamkeit*' und vom amerikanischen Soziologen Mihaly Csíkszentmihályi als ‚*Flow*' bezeichnet."[11] (Hervorhebung durch Scala).

Hervorhebungen im ursprünglichen Text (kursiv, fett, Unterstreichungen) müssen beibehalten werden. Damit aber klar ist, dass nicht Sie dafür verantwortlich sind, geben Sie an: „Hervorhebung durch ..." Falls Sie selbst ein Wort im Zitat hervorgehoben haben, schreiben Sie: „Hervorhebung durch (Ihr Name, wahlweise mich)".

Die Quellenangabe im laufenden Text

Literaturangaben im laufenden Text (Harvard-Methode). Aus unterschiedlichen Gründen ist es heutzutage oft üblich, jede Nennung einer Quelle **im Text als Kurztitel** einzufügen. Insbesondere bei wissenschaftlichen englischsprachigen Veröffentlichungen ist dies die Regel. Dies erleichtert die Arbeit am Computer, da Texte häufig überarbeitet und Zitate ersetzt oder gestrichen werden. Wenn Texte elektronisch veröffentlicht werden, z. B. als E-Paper, rutschen alle Fußnoten automatisch an das Ende des Beitrags, da E-Papers keine „Seiten" im herkömmlichen Sinne kennen. Beispiel für einen Verweis im Text ist: (Dohrmann, 2015, S. 80). Wofür Sie sich entscheiden, kommt auf die Vorgaben Ihrer Einrichtung/Ihres Betreuers an. Die Hauptsache ist, Sie bleiben bei einem System.

> ZUSAMMENGEFASST

- Jede Fußnote beginnt mit einem Großbuchstaben und endet mit einem Punkt.
- Der Kurzverweis enthält: Nachname des Autors, Erscheinungsjahr, Buchtitel ohne Untertitel, Seite.
- Indirekte Zitate werden durch Vgl. gekennzeichnet.
- Ein Zitat innerhalb eines Zitats wird in einfache ‚Anführungsstriche' gesetzt.
- Ein Verweis innerhalb der eigenen Arbeit wird mit „siehe oben" oder „siehe unten" bezeichnet, eventuell mit dem Zusatz „siehe S. 18" oder „siehe Kap. 3.1". Dies kann in Klammern in den Text eingefügt werden oder in einer Fußnote.

[11] Scala, 2013, Gestaltpädagogik, S. 112.

Einfügen von Fußnoten

Fußnoten können in MS Word® sehr leicht eingefügt werden, indem Sie in der Menüleiste auf den Reiter „Verweise" und sodann auf „Fußnote einfügen" klicken. Den Rest macht das Programm allein. Fußnoten sollten von der ersten bis zur letzten Seite fortlaufend gesetzt werden. Wenn Sie verschiedene Word-Dokumente aneinanderfügen, werden die Fußnoten automatisch neu durchnummeriert. Etwas anderes ist es, wenn Sie aus Sicherheitsgründen jedes Kapitel Ihrer Arbeit separat als PDF-Datei gespeichert haben. Beim Aneinanderfügen dieser Dateien werden die Fußnoten nicht automatisch angeglichen.

Fußnoten werden stets einzeilig mit der Schriftgröße 10 geschrieben, ebenso wie längere Zitate, wenn die Schriftgröße des laufenden Textes 12 ist. Dies ist auch die Grundeinstellung von Word®. Wenn diese auf Ihrem Computer verändert wurde, können Sie sie in den „Formatvorlagen" wiederherstellen – siehe im entsprechenden Kapitel dieses Buches.

Siehe Kap. 16.1 für Word® und Kap. 16.2 für Open Office.

Fußnoten sollten am Fuß der jeweiligen Seite gesetzt werden. Es ist unüblich und umständlich, sie als sogenannte Endnote am Ende der Arbeit einzufügen.

Fußnoten in Open Office: Menüleiste „Einfügen", Befehl „Fuß-/Endnote" wählen, im Dialogfeld „Automatisch" und „Fußnote" wählen und mit „OK" bestätigen. Der Rest gilt ebenso wie unter Word®.

> **TIPP Quellen aus dem Internet mit abspeichern**
>
> Beim Stöbern im Internet kommt man rasch von einer Seite zur nächsten und hat schon vergessen, wo denn der interessante Artikel zum Thema „Scheidungskinder" war. Jede Seite auszudrucken ist teuer und schnell hat man versäumt, überall die Quelle anzugeben.
>
> Abhilfe: Beim Firefox-Browser gibt es die Funktion *„Aktuelle Webseite in Adobe PDF-Datei konvertieren"*. Wenn Sie diese anklicken, erhalten Sie eine **PDF-Datei der kompletten Webseite**, die Sie anschließend in Ihren Ordner „Facharbeit" schieben können. Das Schöne daran: Am Fuß der Seite finden Sie eine Zeile wie *http://www.kindergarten-heute.de/zeitschrift/hefte/heft_inhalt.html?k_beitrag=45076[25.11.2014 18:53:36]*, womit Sie diese Quelle gleich als Nachweis in der Fußnote verwenden können, wenn Sie von dieser Seite zitieren möchten – inklusive Zugriffsdatum.
>
> Ähnliche Freeware-Programme zum Umwandeln finden sich auch im Internet, diese sind dann browser-unabhängig.

Warum nicht plagiieren?

Wer abschreibt oder Zitate nicht kennzeichnet, fällt durch!

Sie erinnern sich noch an einige Plagiatsskandale der letzten Jahre, die mehrere profilierte Politiker und Politikerinnen das Amt gekostet haben. Diese haben in ihren Doktorarbeiten, die Jahre und Jahrzehnte zurücklagen, hemmungslos abgeschrieben, ohne dies kenntlich zu machen. In der Wissenschaft gilt dies als Todsünde, es ist nicht einfach nur ein Betrug, es ist ehrenrührig. Wenn ein Fall von „Abschreiben" in einer Facharbeit nachgewiesen wird, ist dies ein hundertprozentiger Fall für ein „Durchgefallen". Damit dies ganz klar wird, müssen Sie eine Erklärung (siehe Kap. 18) unterschreiben, mit der Sie dokumentieren, dass Sie von dem Verbot des Plagiats wissen und die Konsequenzen kennen. Mit einem preiswerten Programm (z. B. www.plagscan.com) können Privatpersonen und auch Schulen leicht überprüfen, ob sich in einem Text nicht gekennzeichnete Übereinstimmungen mit anderen Quellen befinden.

Zitieren, warum? Einige Beispiele

Gründe für das Zitieren

Man kann aus den unterschiedlichsten Gründen aus einem Buch, einem Artikel, einer Zeitung zitieren. Der häufigste Grund ist wohl: Man will seine eigene Aussage absichern, damit sie nicht in Frage gestellt werden kann.

> Der Wandel in der Beziehung zum Kind zeigt sich auch darin, dass in früheren Zeiten Kindesmord etwas durchaus Selbstverständliches war: „Bis zum 4. Jh. n. Chr. galt in Griechenland wie Rom der Kindesmord weder vor dem Gesetz noch in der öffentlichen Meinung als etwas Unrechtes." [12]

Hier zeigt die erste Jahreszahl in der Fußnote an, wann das Buch zum ersten Mal erschienen ist, die zweite Jahreszahl, welche Ausgabe Sie in der Hand hatten. Das Erscheinungsjahr ist immer dann interessant, wenn die erste Veröffentlichung eine ganze Zeit zurück liegt und man darauf hinweisen möchte, aus welcher Zeit der Text ursprünglich stammt.

Ein anderer Grund des Zitierens könnte sein, dass ein wichtiger Gedanke so gut ausgedrückt wurde, dass Sie ihn zur Bestätigung Ihrer Aussagen benutzen möchten:

> In den 1980er-Jahren begann ein rasanter Modernisierungsprozess in der Gesellschaft, der weitreichende Folgen hatte: „Beck hat in dem Buch ‚Risikogesellschaft' aufgezeigt, dass die mit dem Prozess der Industrialisierung verbundene Modernisierung nicht nur technisch-ökonomischen Fortschritt produziert, sondern auch Risiken mit sich bringt."[13]

Der Buchtitel, der im Original in doppelten Anführungsstrichen steht, wird in einfachen Anführungsstrichen wiedergegeben. In der Fußnote besagt der kleine Buchstabe a in 2013 a, dass von Frau Marx mindestens zwei

---

[12] deMause, 1974/1982, Hört ihr die Kinder weinen, S. 47.
[13] Marx, 2013a, Zur Entwicklung von Familienformen, S. 53.

Veröffentlichungen aus dem gleichen Jahr in der Literaturliste aufgeführt sind, die dort mit Kleinbuchstaben unterschieden werden.

Sie möchten eine Aussage zitieren, mit der Sie so nicht einverstanden sind, um anschließend Ihre gegenteilige Ansicht auszuführen:

> Angeblich sind erwerbstätige Mütter und Alleinerziehende „… leicht gereizt und ungeduldig, leiden unter ihrer zersplitterten Existenz und der fortwährenden Hetze." [14] Dies ist eine unzulässige und nicht belegte Verallgemeinerung.

Das Zitat wird unvollständig, aber natürlich sinnentsprechend wiedergegeben, was man durch die drei Punkte am Anfang andeutet.

Sie möchten einen Fachbegriff oder eine Definition zu einem schwierigen Sachverhalt übernehmen:

Lange Zitate

> „Die in der Öffentlichkeit am stärkste verbreitete Geburtenrate heißt im internationalen Sprachgebrauch Total Fertility Rate (TFR): Damit wird die durchschnittliche Zahl von Kindern erfasst, die eine Frau in ihrem Leben zur Welt bringt. In der deutschen Demografie ist hier meist von ‚zusammengefasster Geburtenziffer' die Rede." [15]

Das kleingeschriebene f. in der Quellenangabe bezeichnet, dass das Zitat sich über zwei Seiten erstreckt, gesprochen „folgend". (Daneben bedeutet ff. ein Zitat von mehr als zwei Seiten, „folgende"). Längere Zitate (ab drei Zeilen) sollten, damit sie sich vom übrigen Text besser absetzen, um 0,5 cm im Text eingerückt werden. (Cursor in den Text setzen, rechte Maustaste klicken, „Absatz" mit linker Taste anklicken, „Einzug/ Links" auf 0,5 cm setzen). Der hervorgehobene Begriff, der im Original in doppelten Anführungsstrichen steht, wird in einfachen Anführungsstrichen wiedergegeben.

Kürzen von Zitaten

Längere Sätze können in Zitaten sinnvoll gekürzt werden, wobei Auslassungen innerhalb des Zitats mit drei Punkten in eckigen Klammern gekennzeichnet werden. Eckige Klammern nutzt man ebenfalls, wenn ein Wort zur besseren Verständlichkeit eingefügt werden muss:

> So stellt Marx beispielsweise zum Krippeneintrittsalter fest, dass „… es in jedem Fall für Kinder und Eltern wichtig [ist], dass […] ein sicheres inneres Bild von einer guten Bindungsbeziehung vorherrscht."[16]

---

[14] Textor, 2009, Die Familie in Gegenwart und Zukunft, S. 50.

[15] Burkart, 2008, Die Familie in Gegenwart und Zukunft, S. 56 f.

[17] Marx, 2013b, Entwicklungspsychologische Aspekte früher Trennung und außerfamiliärer Betreuung. S. 88.

Einfügen von Wörtern

Dies ist der zweite Aufsatz der Autorin Marx, der hier zitiert wird, deshalb der Kleinbuchstabe b in 2013b. Alle Veränderungen an Zitaten sollen mit eckigen Klammern gekennzeichnet werden, weil sich dies besser von den häufigeren runden Klammern absetzt, die in einem Zitat von sich aus vorkommen können:

> Die Autorin hebt hervor, dass „... es Eltern schwer fallen [darf], ihr Kind in der Krippe zurück zu lassen, während sie einer anderen Beschäftigung nachgehen (wollen)."[17]

Das Wort „wollen" hatte die Ursprungsautorin hier selbst in Klammern gesetzt.

Zitieren: ... aus Zeitschriften

Zitieren aus Zeitschriften: Da die Quelle im Literaturverzeichnis vollständig angegeben ist, genügt in der Fußnote der Kurzverweis.

> „Die Asyl-Verfahren ziehen sich teilweise jahrelang hin. Die Angst, nicht bleiben zu dürfen, ist den Flüchtlingen im Heim anzumerken."[18]

... aus dem Internet

Zitieren aus dem Internet: Zur Verwendbarkeit von Quellen aus dem Internet siehe Kap. 13 Internetquellen. Die meisten Leitfäden für wissenschaftliche Arbeiten lassen Sie beim Thema „Internetquellen" weitgehend im Stich.

Für eine kurze Information aus dem Internet genügt es, die URL (die Adresse der Webseite) und den Tag des Zugriffs in der Fußnote anzugeben:

> Laut einer Untersuchung „... sind Alleinerziehende überwiegend gut ausgebildet, 78 Prozent von ihnen verfügen über einen mittleren oder hohen Bildungsabschluss." [19]

Diese Quelle muss nicht im Literaturverzeichnis angegeben werden.

Wenn Sie jedoch einen wissenschaftlichen Aufsatz aus einer beständigen, seriösen Quelle zitieren, wird er behandelt wie jeder andere Aufsatz, ob in Buch oder Zeitschrift:

> „Die Geschlechtsidentität ist ebenso wie die Identität nicht vorbestimmt und festgelegt, sondern ein immer wieder überprüfter, lebenslang wandelbarer Prozess." [20]

Eine Seitenangabe entfällt hier, da es im Weblayout keine Seitenzählung gibt. Die vollständige Quellenbezeichnung findet sich im Literaturverzeichnis.

---

[17] Marx, 2013b, Entwicklungspsychologische Aspekte früher Trennung und außerfamiliärer Betreuung. S. 88.

[18] Schrader, 2015, Tappen im Dunkeln, S. 6.

[19] www.spiegel.de/politik/deutschland/alleinerziehende-studie-stuetzt-plaene-von-manuela-schwesig-a-1015740.html [Abruf 10.03.2015].

[20] Wagner, 2014, Geschlechtsidentität und Geschlechterrollen – Jungen und ihre Bezugspersonen im Sozialisationsprozess.

Zitieren von Rechtsquellen: Verwenden Sie beim Zitieren von Gesetzestexten nur die jeweils neueste Auflage der Beck-Texte (z. B. „Jugendrecht") oder im Internet die Seite www.gesetze-im-internet.de des Bundesministeriums der Justiz. Für das Zitieren von Rechtsquellen gilt: Bauen Sie die Fundstelle in den Text ein, nicht in eine Fußnote, also:

… aus Rechtsquellen

„Die Träger sollen sicherstellen, dass die Fachkräfte in ihren Einrichtungen gemäß § 22 a Abs. 2 Satz 1 SGB VIII mit den Erziehungsberechtigten zum Wohl der Kinder zusammenarbeiten."

Die benutzte Gesetzesausgabe (mit Nennung der Auflagennummer!) wird im Literaturverzeichnis angegeben (hier also: Sozialgesetzbuch (SGB) VIII, in der Fassung vom 11. September 2012, in: Jugendrecht (2015), 36. Auflage, München).

Verwendung von Abbildungen, Fotos, Tabellen

Abbildungen, Fotos, Tabellen

Neben Textzitaten gibt es auch sogenannte „Bildzitate". Diese sind im Prinzip genauso zu behandeln wie Textzitate, d. h., sie dürfen nicht verändert werden (bzw. jede Veränderung muss kenntlich gemacht werden), und Sie müssen die Quelle genau angeben.

Tabellen: Sie können eine Tabelle abschreiben oder einscannen. Beispiel:

In der folgenden Tabelle geht es um Gründe für den Mehrsprachen-Erwerb in Deutschland.[21]
Tabelle 4: Warum junge Menschen andere Sprachen lernen sollten (nach TNS 2006: 45)

Antworten	%
Um ihre Berufsaussichten zu verbessern	73
Weil die Sprache in der Welt weit verbreitet ist	38
Damit sie sich sicherer fühlen, wenn sie in einer Region Urlaub machen, in der diese Sprache gesprochen wird	30
Um mehrsprachig zu sein	28
Weil die Sprache in Europa weit verbreitet ist	28

Auch hier muss das Werk mit vollem Titel im Literaturverzeichnis genannt werden. Das Fußnotenzeichen steht am Ende des letzten Satzes vor der Abbildung, wenn dieser auf die Abbildung hinweist, oder alternativ nach der Bildunterschrift.

> **ANMERKUNG** Der Hinweis „Tabelle 4" in der o. g. Abbildung sollte entfernt werden, da er eventuell mit anderen Tabellen in der Arbeit kollidiert, stattdessen wird […] eingefügt.

[21] Abb. entnommen aus: Steinlen, A.K./Rohde, A., 2013, Mehrsprachigkeit in bilingualen Kindertagesstätten und Schulen, S. 19.

Wenn Sie die Tabelle in irgendeiner Weise verändern, etwa bestimmte Zeilen entfernen oder eigene Informationen hinzufügen, kennzeichnen Sie dies, indem Sie dem Quellenhinweis ein „Nach" voranstellen.

Bildzitate

Auch Abbildungen oder Grafiken, z. B. aus einem Kinder- und Jugendbuch, dürfen als Bildzitate verwendet werden, gleich, ob Sie diese in den Text einbauen oder im Anhang unterbringen (was bei einer größeren Anzahl ratsam ist).

> **ZUSAMMENGEFASST Korrektes Recherchieren und Zitieren**
> Durch die richtige Verwendung von Zitaten zeigen Sie, dass Sie die maßgebliche Fachliteratur kennen, auf sie Bezug nehmen und auf ihr aufbauen können. Das ist bereits ein wichtiger Bestandteil wissenschaftlichen Arbeitens.
>
> Durch die Verwendung unterschiedlicher Quellen zeigen Sie weiterhin, dass Sie recherchieren und alle Möglichkeiten – Bücher, Zeitschriften, Internet – nutzen können. Auch die Informationsbeschaffung ist eine Grundlage wissenschaftlichen Arbeitens.
>
> Die Befolgung der strengen Zitierregeln dient dazu, jedes Zitat ohne Weiteres überprüfbar zu machen, denn die Grenze zwischen (erwünschtem) *Zitieren* und (streng verbotenem) *Plagiat* kann sehr schmal sein.

15 Das Literaturverzeichnis

Im Literaturverzeichnis am Ende Ihrer Arbeit werden alle Publikationen aufgeführt, aus denen Sie direkt oder indirekt zitiert haben – mit Ausnahme derjenigen Quellen, die Sie bereits als Vollbeleg in einer Fußnote zitierten. Letztere können kurze Definitionen aus dem Lexikon (Papier oder digital) oder Fremdwörterlexikon sein oder eine Information aus einem Zeitungsartikel – aber keine wissenschaftlichen Werke.

Wissenschaftliche Werke werden immer alphabetisch nach dem Nachnamen des ersten genannten Verfassers oder Herausgebers geordnet. Publikationen ohne Verfassernamen (Gesetze, Veröffentlichungen z. B. vom Bundesministerium für Familie, Senioren, Frauen und Jugend, vom Statistischen Bundesamt) werden nach dem ersten Wort des Titels bzw. der Institution eingeordnet. → **12** (siehe Nr. 12 auf der folgenden Doppelseite)

Vor- und Nachnamen von Verfassern bzw. Herausgebern werden ausgeschrieben, wenn es nicht mehr als drei sind, bei einer größeren Zahl heißt es z. B. „Müller, Heinz u.a. (Hrsg.)". → **4**
Die Nummer der Auflage wird nach dem Untertitel genannt (aber nur, wenn sie höher als 1 ist). → **2, 4, 5**

Üblicherweise wird als Erscheinungsjahr das Jahr derjenigen Ausgabe genannt, die Sie genutzt haben. Das ist wichtig, um ein Zitat ggf. nachprüfen zu können, da die Seitenzahl sich mit einer anderen Auflage bzw. einer Taschenbuchausgabe leicht ändern kann. Falls das Jahr des ersten Erscheinens von Bedeutung ist, wird es vor dem Jahr der aktuellen Ausgabe vermerkt → **2, 9**

Da häufig Autorinnen mit mehreren Veröffentlichungen (darunter Zeitschriftenaufsätze) zitiert werden, hat es sich eingebürgert, das Jahr der Veröffentlichung gleich hinter dem Namen in Klammern zu setzen, bei mehreren Veröffentlichungen pro Jahr mit Kleinbuchstaben (a, b, c). Im Literaturverzeichnis werden die Titel in chronologischer bzw. alphabetischer Reihenfolge aufgeführt. → **6, 7**

Artikel in Sammelbänden werden alle separat mit den jeweiligen Seitenzahlen aufgeführt, zusätzlich wird der Band genannt, aus dem der oder die Artikel genommen wurden. → **3, 6, 7, 10**

Artikel aus Zeitschriften werden mit dem Titel der Zeitschrift, Nummer und Jahr sowie Seitenzahl genannt; die Zeitschrift selbst wird jedoch nicht gesondert aufgeführt. → **11**

Artikel aus Internetfachportalen werden unter dem Verfassernamen und Nennung der URL (der Adresse der Seite) und dem Zugriffsdatum in eckigen Klammern genannt. → **15**

Fall Sie aus mehreren Internetseiten zitieren (weil dies vielleicht Teil Ihres Themas ist), richten Sie eine besondere Rubrik „Internetquellen" im Literaturverzeichnis ein, in der Sie die Webseiten alphabetisch ordnen.

Bezüglich der Satzzeichen vgl. die Aufzählung auf der nächsten Seite.

> **ANMERKUNG** Ihr Literaturverzeichnis wird **nicht nummeriert**! Nachfolgende Nummerierung dient nur dazu, den Bezug zu den oben stehenden Erläuterungen herzustellen.

1. Burkart, Günter (2008): Die Familie in Gegenwart und Zukunft, Konstanz: UVK Verlagsgesellschaft.
2. deMause, Lloyd (Hrsg.) (1974/1982): Hört ihr die Kinder weinen. Eine psychogenetische Geschichte der Kindheit, 2. Auflage, Frankfurt/M.: Suhrkamp.
3. Focali, Ergin/Kimmerle, Christoph/Naumann, Gabriela (2013): Zukunft. Erziehen. Grundlagen, Perspektiven, Kontroversen der sozialpädagogischen Ausbildung, Berlin: Dohrmann.
4. Jaszus, Rainer, u. a. (2014): Sozialpädagogische Lernfelder für Erzieherinnen und Erzieher, 2. Auflage, Stuttgart: Holland + Josenhans.
5. Karmasin, Matthias/ Ribing, Rainer (2014): Die Gestaltung wissenschaftlicher Arbeiten. Ein Leitfaden für Seminararbeiten, Bachelor-, Master-, Magister- und Diplomarbeiten sowie Dissertationen, 8. Auflage, Wien: Facultas.
6. Marx, Rita (2013a): Zur Entwicklung von Familienformen. In: Focali, Ergin/ Kimmerle, Christoph/ Naumann, Gabriela (2013): Zukunft.Erziehen. Grundlagen, Perspektiven, Kontroversen der sozialpädagogischen Ausbildung, Berlin, S. 51–65.
7. Marx, Rita (2013b): Entwicklungspsychologische Aspekte früher Trennung und außerfamiliärer Betreuung. In: Focali, Ergin/Kimmerle, Christoph/ Naumann, Gabriela (2013): Zukunft.Erziehen. Grundlagen, Perspektiven, Kontroversen der sozialpädagogischen Ausbildung, Berlin, S. 81–89.
8. May, Yomb (2010): Wissenschaftliches Arbeiten. Eine Anleitung zu Techniken und Schriftform, Stuttgart: Reclam.
9. Rousseau, Jean Jacques (1762/1998): Émile oder Über die Erziehung, Stuttgart.
10. Scala, Eva (2013): Gestaltpädagogik. In: Focali, Ergin/ Kimmerle, Christoph/ Naumann, Gabriela (2013): Zukunft.Erziehen. Grundlagen, Perspektiven, Kontroversen der sozialpädagogischen Ausbildung, Berlin, S. 105–114.
11. Schrader, Lieselotte Kathrin (2015): Tappen im Dunkeln. Warum Kitas im Umgang mit Flüchtlingskindern oft auf sich allein gestellt sind. In: Betrifft Kinder, 01–02, 2015, S. 6–11.
12. Sozialgesetzbuch (SGB) VIII, in der Fassung vom 11. September 2012, in: Jugendrecht (2015) 36. Auflage. München: dtv.
13. Steinlen, Anja K./ Rohde, Andreas (Hrsg.) (2013): Mehrsprachigkeit in bilingualen Kindertagesstätten und Schulen. Voraussetzungen – Methoden – Erfolge, Berlin: Dohrmann.

14. Textor, Martin R. (2009): Die Familie in Gegenwart und Zukunft. Positionen, Provokationen, Prognosen, Norderstedt: Books on Demand.
15. Wagner, Daniela (2014): Geschlechtsidentität und Geschlechterrollen - Jungen und ihre Bezugspersonen im Sozialisationsprozess. In: Textor, Martin R. (Hrsg.): Kindergartenpädagogik Online-Handbuch, www.kindergartenpaedagogik.de/2294.html [10.03.2015].
16. Weber-Kellermann, Ingeborg (Hrsg.) (1996): Die Familie. Eine Kulturgeschichte der Familie, Frankfurt/M. und Leipzig: Insel.

Im Literaturverzeichnis häufig verwendete Abkürzungen

Aufl.	Auflage
Bd.	Band
ebd.	ebenda (verweist auf die unmittelbar zuvor angegebene Quelle)
et al.	Bei mehr als zwei Autoren kann im Kurzbeleg die Nennung der weiteren Autoren dadurch ersetzt werden.
f.	folgende Seite
ff.	folgende Seiten
Hrsg.	Herausgeber
Jg.	Jahrgang (bei Zeitschriften)
o.V.	ohne Angabe des Verfassers
o.J.	ohne Angabe des Erscheinungsjahres
o.O.	ohne Angabe des Erscheinungsortes
u.a.	und andere
vgl.	vergleiche

VOM ENTWURF ZUM LAYOUT

TEIL 5

16 Die formale Gliederung der Facharbeit

Für wissenschaftliche Arbeiten – und dazu gehört auch Ihre Facharbeit – gelten bestimmte **Formvorschriften**. Die wichtigste ist, dass alle benutzten Quellen offengelegt werden und es dem Leser ermöglicht wird, Zitate nachzuprüfen und die zugrunde gelegte Literatur zu bewerten. Dazu dienen Zitierregeln, Fußnoten und Quellenverzeichnis. Es ist aber auch nötig, die Arbeit in zusammengehörende **Teilabschnitte** zu gliedern, um die Darstellung von fachlichen Grundlagen eindeutig von der Vorstellung des durchgeführten Projekts zu trennen und dieses wiederum von Beobachtungen und von eigenen Schlussfolgerungen. Schließlich muss die Arbeit gut lesbar sein und der Beurteiler muss Platz für Randbemerkungen haben. Dafür gibt es ein bestimmtes **Seitenlayout** und die Vorgabe, das Papier nur einseitig zu beschriften. Zusätzlich zur gedruckten und gebundenen Ausgabe erwarten manche Einrichtungen die Arbeit als PDF-Datei zur besseren Archivierung und manchmal auch, um ein Programm zur Erkennung von Plagiaten darin zu benutzen.

TIPP Auf keinen Fall versäumen, *bevor* Sie mit der Schreibarbeit beginnen: Machen Sie sich anhand von Probetexten (Referate, Hausarbeiten, Praktikumsberichte) mit Formatierung und Layout in der Textverarbeitung vertraut. Dies ist keine Nebensache und pure Formalität, sondern auch beim Abfassen von Sitzungsprotokollen sowie beim Verfassen von Papieren in Fort- und Weiterbildung oder in einem Studium von großem Vorteil.

> **ANMERKUNG zur Wahl der Schriftart**
> Die heute gebräuchlichsten Schriften auf Computern in Deutschland sind Arial, Calibri und Times New Roman (TNR).
>
> Arial und Calibri sind auf dem Bildschirm besonders angenehm zu lesen, da sie einfach und ohne Schnörkel sind.
>
> Gedruckt sind Schriften mit „Füßchen" (sogenannte Serifen) jedoch leichter für das Auge zu erfassen, fast alle Zeitungen und Bücher verwenden ähnliche Schriften. Times New Roman ist eine Serifenschrift.

16.1 Formatieren mit Microsoft Word®

Diese Ausführungen beziehen sich auf Word®, wie es unter Windows 8.1 erscheint. Wenn Sie mit Open Office arbeiten, lesen Sie unten unter Kap. 16.2 weiter. Die folgenden Arbeiten führen Sie vor Beginn des Schreibens durch, aber Sie sollten unbedingt vorher schon einmal damit geübt haben.

1. Die Seite einrichten, das Layout festlegen (Word®)

Wenn Sie eine Word-Datei öffnen, finden Sie oben das breite „Menüband". Darin finden Sie 9 **„Registerkarten" (Menüs)** (START; EINFÜGEN; SEITENLAYOUT etc.) und darunter die **Symbolleisten mit Funktionen und Befehlen**. Unter vielen Befehlen können Sie unten rechts einen kleinen Pfeil ↘ sehen, der ein Dialogfeld mit weiteren Einstellungen öffnet.

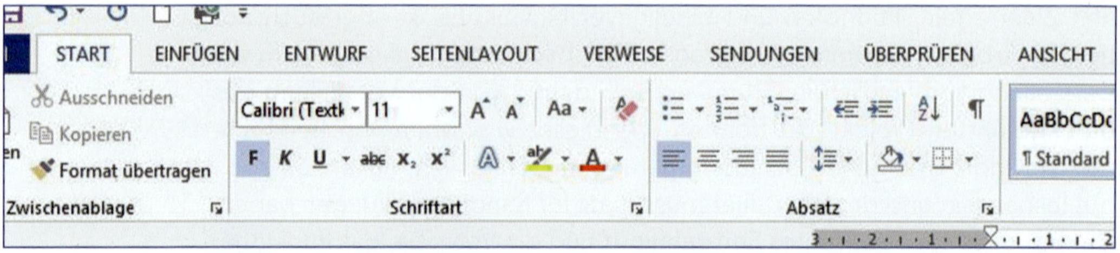

Abb. 1 Das Menüband in Word® unter Windows 8

Zuerst legen Sie im Dialogfeld „Seitenlayout" die Seitenränder fest: Eine übliche Einteilung für die Seitenränder ist: links 3 cm, rechts 2,5 cm, oben und unten je 2 cm.

Unter der Registerkarte SEITENLAYOUT klicken Sie neben „Seite einrichten" auf den Pfeil ↘. Es öffnet sich das Dialogfeld (Abb. 2), auf dem Sie die Seitenränder wie oben genannt eingeben. Alle anderen Einstellungen bleiben auf diese Karte unverändert. Achten Sie darauf, dass unten „Gesamtes Dokument" angezeigt wird. Bestätigen Sie mit „OK".

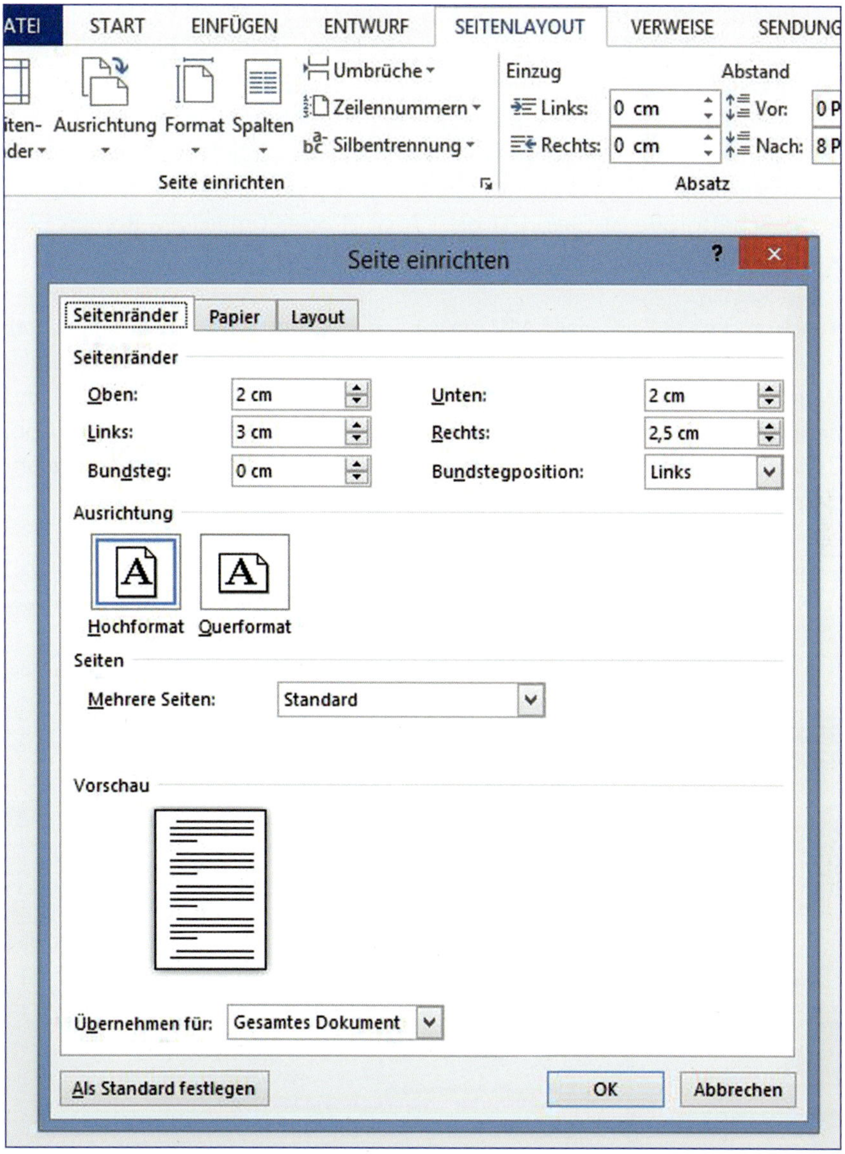

Abb. 2 Seitenränder einrichten im Dialogfeld „Seite einrichten" (Word®)

„OK" nicht vergessen!

Dies sollten Sie bereits vor Beginn des Schreibens tun, damit Sie verfolgen können, wie umfangreich Ihre Arbeit wird.

> **ÄNDERUNGEN BEZÜGLICH WORD:** Im Text wird die Word-Version 8.1 benutzt. Im Augenblick (2019) ist jedoch Word 10 aktuell. Für unsere Zwecke unterscheiden sie sich nur in Kleinigkeiten. In der Menüleiste heißt es z. B. statt „Seitenlayout" nun „Layout" und statt „Verweise" „Referenzen".

2. Die Formatvorlagen einrichten (Word®)

Sie sollten nun die Formatvorlagen einrichten, denn diese erleichtern Ihnen im Verlauf der Arbeit die Formatierung von Text und (Zwischen-) Überschriften. Im START-Menü finden Sie rechts die Formatvorlagen. Klicken Sie mit der rechten Maustaste auf „¶ Standard", sodann mit links auf „ändern". Es öffnet sich das Dialogfeld für die Schrift-Formatierung des Fließtextes.

- Die Schriftgröße ist Calibri 11 oder Arial 11 oder Times New Roman 12,
- der Zeilenabstand 1,5,
- Blocksatz,
- Abstand *nach* 8 pt. (das heißt, dass *nach* jedem Absatz eine Leerzeile ist).

Wenn dies nicht voreingestellt ist, klicken Sie links unten auf „Format" und nehmen Sie diese Einstellungen unter „Schriftart" und „Absatz" vor (Abb. 3). Sie bestätigen wieder mit „OK" und das Dialogfeld „Formatvorlage ändern" auch mit OK.

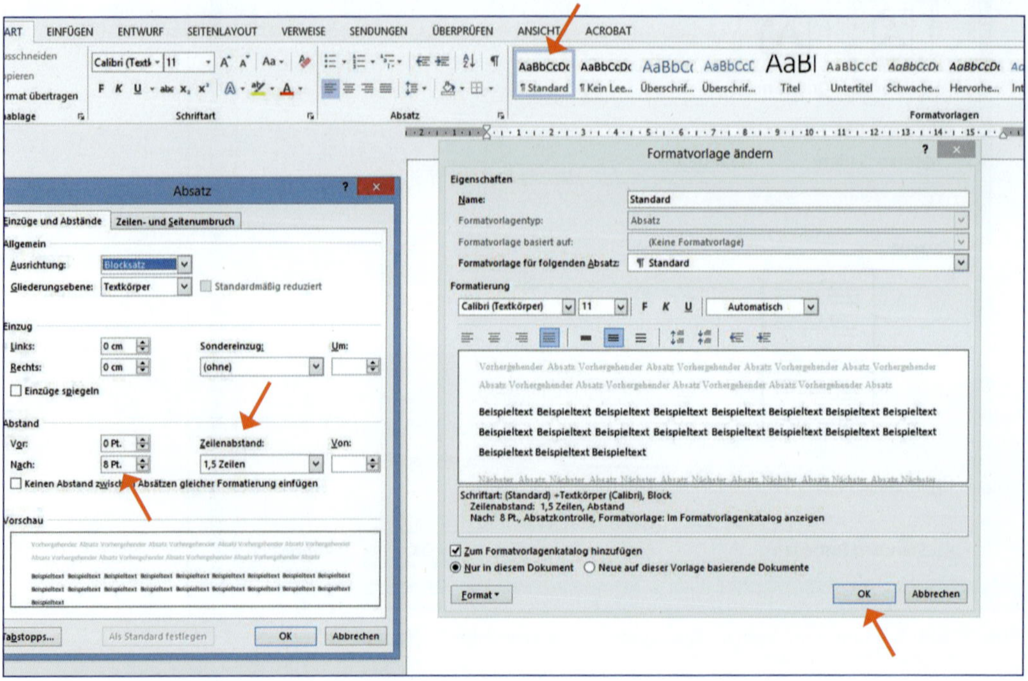

Abb. 3 Standard-Fließtext einrichten (Word®)

Jetzt haben Sie das Format für den Fließtext festgelegt. Jedes Mal, wenn Sie den Cursor nun in einen Textabsatz setzen und mit der linken Maustaste auf „¶ Standard" klicken, wird der Text entsprechend formatiert.

3. Die Überschriften definieren (Word®)

Zuerst die Überschriften 1. Ordnung (1, 2, 3 usw.) definieren, das sind Ihre Kapitelüberschriften. Legen Sie eine Zeile in der gewünschten Schriftart und Größe an, z.B. Calibri 16 pt. fett. Setzen Sie den Cursor in die Zeile. Klicken Sie mit rechts auf den Button der 3. Formatvorlage („Überschriften 1", Abb. 4), dann per linker Maustaste auf „Ändern". Der Name „Überschrift 1" bleibt. Die Formatierung sollte jetzt lauten: „Calibri Überschrift", Größe 16 Punkte, Farbe „automatisch". Bestätigen mit „OK".

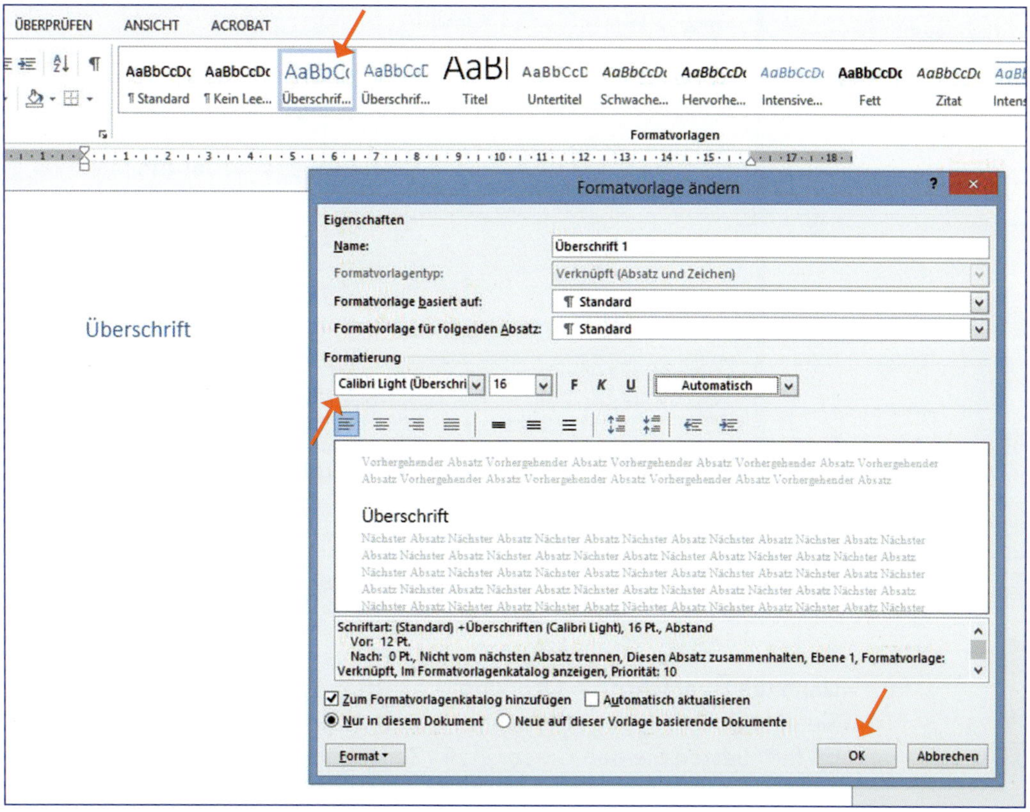

Abb. 4 Überschrift 1 als Formatvorlage anlegen (Word®)

Nun die Überschrift 2. Ordnung (1.1, 1.2, 1.3 usw.) definieren. Legen Sie eine Zeile in der gewünschten Schriftart und Größe an, z. B. Calibri 14 pt. fett. Setzen Sie den Cursor in die Zeile. Klicken Sie mit rechts auf die 4. Formatvorlage (siehe Abb. 5), dann links auf „Ändern". Der Name „Überschrift 2" bleibt. Die Formatierung sollte jetzt lauten: „Calibri Überschrift", Größe 14 Punkte, Farbe „automatisch". Bestätigen mit „OK".

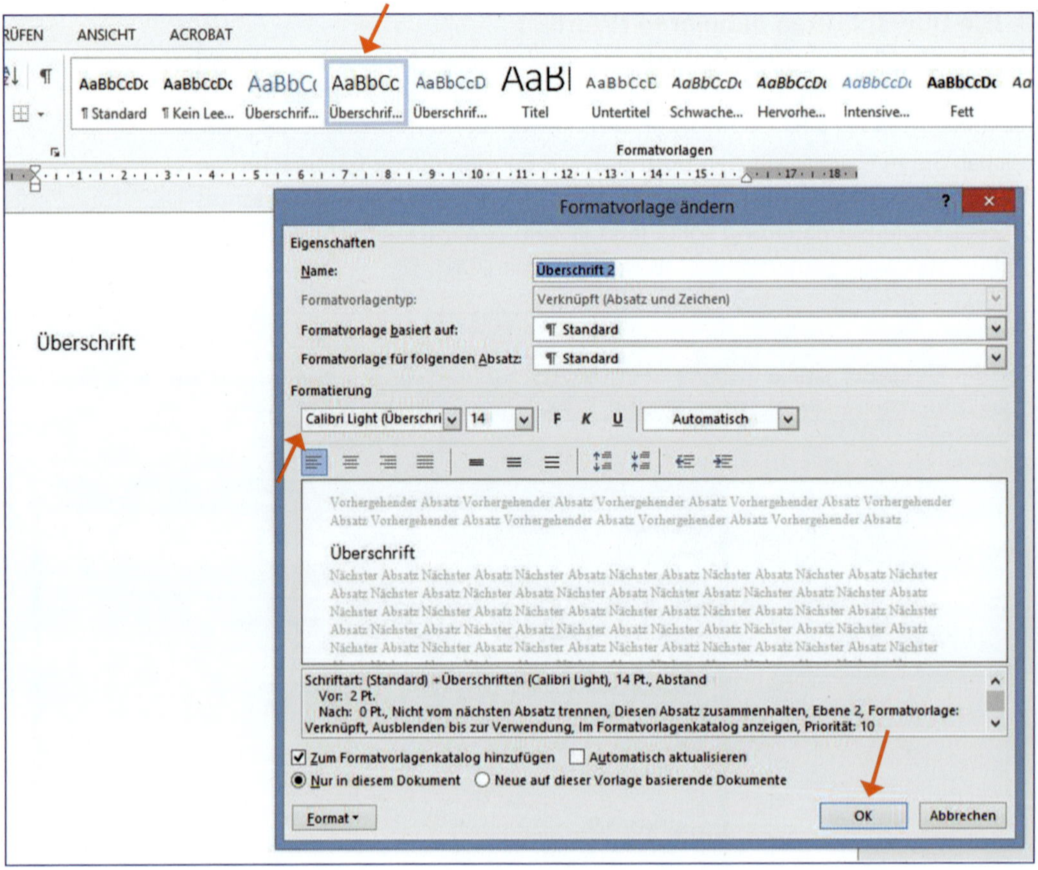

Abb. 5 Überschrift 2 als Formatvorlage anlegen (Word®)

Dann die Überschrift 3. Ordnung (1.1.1, 1.1.2, 1.1.3, 1.1.4) definieren. Legen Sie eine Zeile in der gewünschten Schriftart und Größe an, z.B. Calibri 12 pt. fett. Setzen Sie den Cursor in die Zeile. Klicken Sie mit rechts auf die 5. Formatvorlage, dann links auf „Ändern". Der Name „Überschrift 3" bleibt. Die Formatierung sollte jetzt lauten: „Calibri Überschrift", Größe 12 Punkte, Farbe „automatisch". Bestätigen mit „OK".

Beim Schreiben müssen Sie nun nur noch entscheiden, ob es sich um eine Überschrift 1., 2., oder 3. Ordnung handelt, denn dann setzen Sie den Cursor in die betreffende Zeile und klicken in die entsprechende Formatvorlage im Menüband.

Jetzt erstellen Sie noch die Formatvorlage für die **Fußnoten** (Calibri 10 Punkte, einfacher Zeilenabstand): Wählen Sie eine unbenutzte Formatvorlage aus der vorgegeben Auswahl und gehen Sie vor wie oben, umbenennen in „Fußnote" nicht vergessen (Abb. 6). Unter „Format" wählen Sie „Absatz" und „Einzug: 0" und „Sondereinzug": „Hängend 0,5 cm".

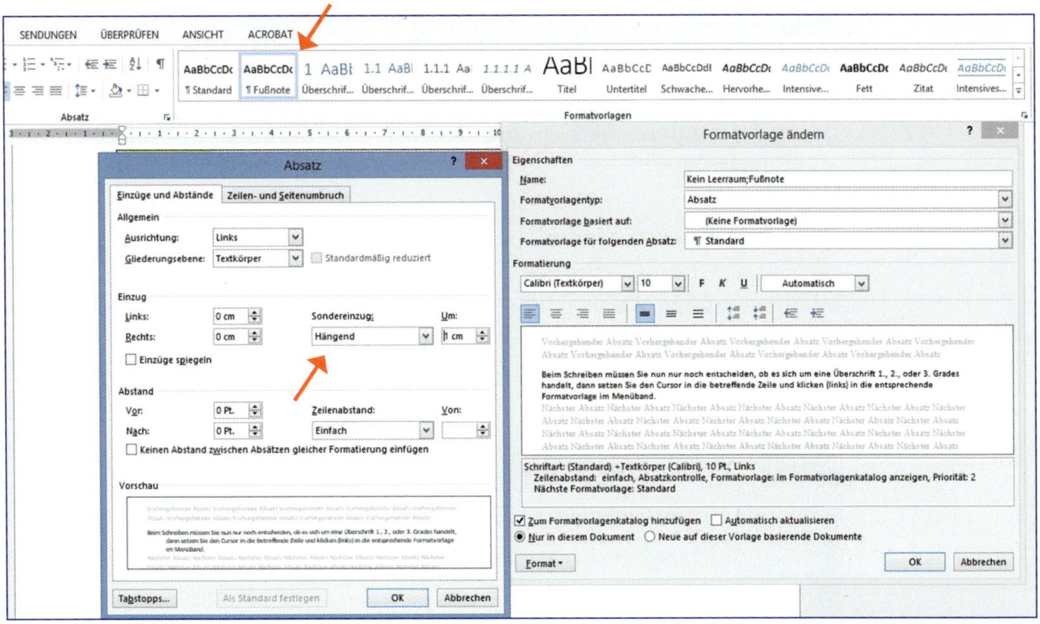

Abb. 6 Fußnoten als Formatvorlage anlegen (Word®)

4. Das automatische Inhaltsverzeichnis (Word®)

Als nächstes bereiten Sie das Inhaltsverzeichnis vor, damit es sich automatisiert erstellt.

Dezimalklassifikation einfügen: Setzen Sie im Textdokument den Cursor in die erste Überschrift. Im START-Menü öffnen Sie den Befehl „Liste mit mehreren Ebenen" (Abb. 7).

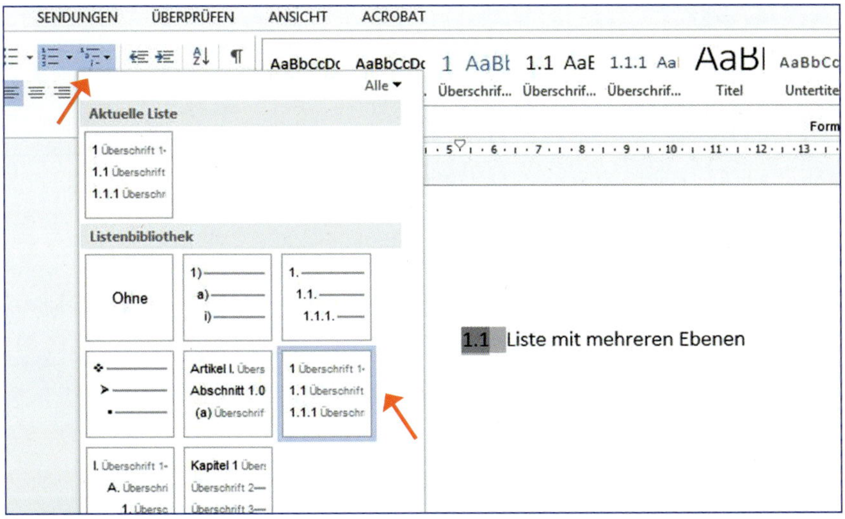

Abb. 7 Inhaltsverzeichnis erster Schritt (Word®)

Klicken Sie auf das Feld „1 Überschrift 1" (siehe Abb. oben). Wenn Sie nun während des Schreibens bei jeder neuen Überschrift die dazugehörige Formatvorlage anklicken (nachdem Sie den Cursor in die Überschriftzeile gesetzt haben), so werden Ihre Überschriften automatisch formatiert und durchnummeriert.

Das waren die Vorarbeiten, nun wird das Inhaltsverzeichnis generiert. Setzen Sie nun den Cursor **vor** die erste Textzeile Ihres Dokuments, wo das **Inhaltsverzeichnis** erscheinen soll. Öffnen Sie das VERWEISE-Menü, öffnen mit Mausklick links den Befehl „Inhaltsverzeichnis" und klicken auf „Automatische Tabelle 1" (Abb. 8).

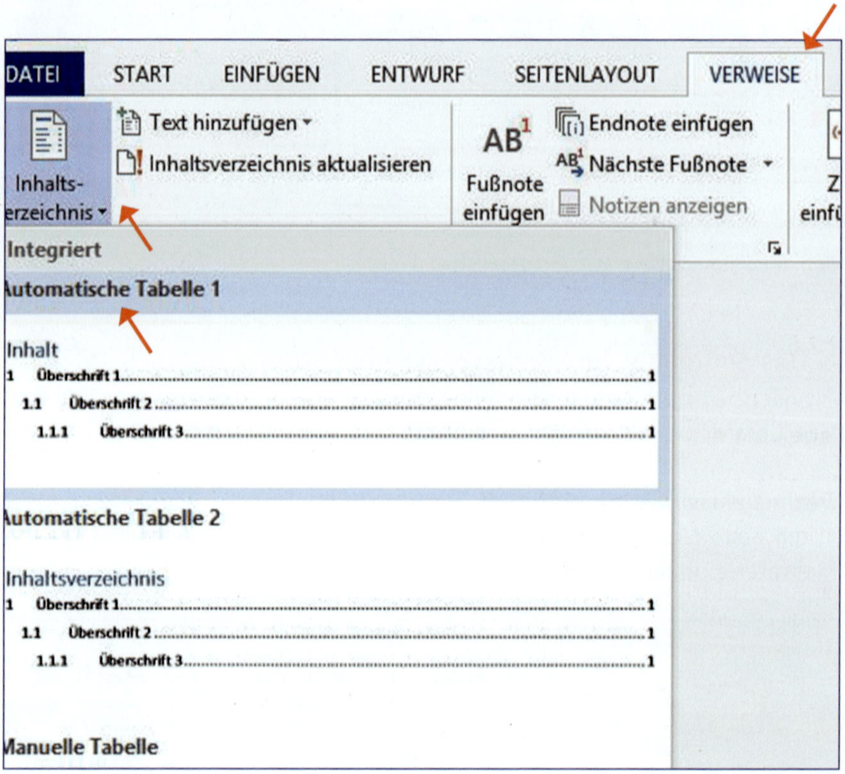

Abb. 8 Inhaltsverzeichnis zweiter Schritt (Word®)

Am linken Bildschirmrand taucht jetzt das Inhaltsverzeichnis auf – wenn nicht, öffnen Sie das Menü „ANSICHT" und klicken im Befehl „Anzeigen" auf „Navigationsbereich" (Abb. 9).

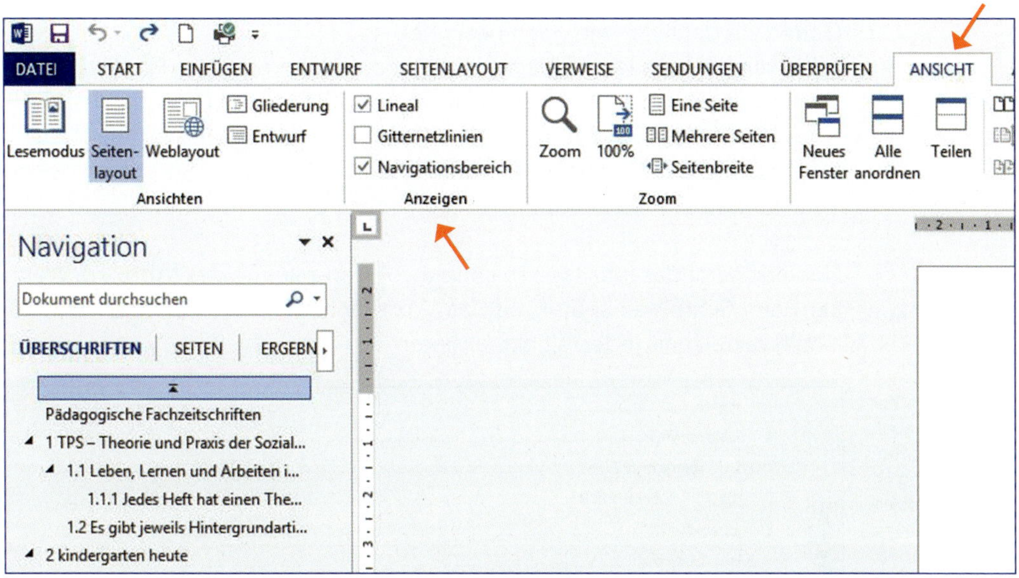

Abb. 9 Inhaltsverzeichnis dritter Schritt: Navigation (Word®)

> **TIPP** Bevor Sie die Formatvorlagen und die Anlage der Dezimalklassifikation am „echten" Text vornehmen, üben Sie mit einem Blindtext.

Legen Sie eine neue Seite wie folgt an:

Inhaltsverzeichnis

Überschrift 1

BlindtextBlindtextBlindtext BlindtextBlindtextBlindtext BlindtextBlindtextBlindtext BlindtextBlindtextBlindtext BlindtextBlindtextBlindtext BlindtextBlindtextBlindtext BlindtextBlindtextBlindtext BlindtextBlindtextBlindtext BlindtextBlindtextBlindtext

Überschrift 2

BlindtextBlindtextBlindtext BlindtextBlindtextBlindtext BlindtextBlindtextBlindtext BlindtextBlindtextBlindtext BlindtextBlindtextBlindtext BlindtextBlindtextBlindtext BlindtextBlindtextBlindtext BlindtextBlindtextBlindtext BlindtextBlindtextBlindtext

Überschrift 3

BlindtextBlindtextBlindtext BlindtextBlindtextBlindtext BlindtextBlindtextBlindtext BlindtextBlindtextBlindtext BlindtextBlindtextBlindtext BlindtextBlindtextBlindtex BlindtextBlindtextBlindtext BlindtextBlindtextBlindtext BlindtextBlindtextBlindtext

Überschrift 1

BlindtextBlindtextBlindtext BlindtextBlindtextBlindtext BlindtextBlindtextBlindtext BlindtextBlindtextBlindtext BlindtextBlindtextBlindtext BlindtextBlindtextBlindtext BlindtextBlindtextBlindtext BlindtextBlindtextBlindtext BlindtextBlindtextBlindtext

Überschrift 2

BlindtextBlindtextBlindtext BlindtextBlindtextBlindtext BlindtextBlindtextBlindtext BlindtextBlindtextBlindtext BlindtextBlindtextBlindtext BlindtextBlindtextBlindtext BlindtextBlindtextBlindtext BlindtextBlindtextBlindtext BlindtextBlindtextBlindtext

Statt „Blindtext" können Sie auch einen vorhandenen Text einfügen. Wichtig sind die „Überschriften".

Abb. 10 Blindtext mit Überschriften

Gehen Sie dann vor wie oben beschrieben:

- Klicken Sie bei jeder „Überschrift" auf die entsprechende Formatvorlage und beim Blindtext auf die Formatvorlage „¶ Standard".
- Klicken Sie dann auf „Liste mit mehreren Ebenen – 1 Überschrift 1"
- Setzen Sie den Cursor an den Anfang der Seite, klicken Sie auf „Verweise – Inhaltsverzeichnis – Automatische Tabelle 1".

Nun erscheint das Inhaltsverzeichnis am Anfang des Textes (Abb. 11). Wenn Sie beim Schreiben später auf das Wort „Inhalt" klicken, können Sie das Inhaltsverzeichnis jederzeit aktualisieren.

Statt „Überschrift" können Sie auch echte Überschriften einfügen. Wichtig ist nur, dass Sie Überschriften 1., 2. und 3. Ordnung haben.

Inhalt

1 Überschrift 1 1
1.1 Überschrift 2 1
1.1.1 Überschrift 3 1
2 Überschrift 1 1
2.1 Überschrift 2 1
2.1.1 Überschrift 3 1
3 Überschrift 1 1

1 Überschrift 1

BlindtextBlindtextBlindtext BlindtextBlindtextBlindtext BlindtextBlindtextBlindtext BlindtextBlindtextBlindtext BlindtextBlindtextBlindtext BlindtextBlindtextBlindtext BlindtextBlindtextBlindtext BlindtextBlindtextBlindtext BlindtextBlindtextBlindtext

1.1 Überschrift 2

BlindtextBlindtextBlindtext BlindtextBlindtextBlindtext BlindtextBlindtextBlindtext BlindtextBlindtextBlindtext BlindtextBlindtextBlindtext BlindtextBlindtextBlindtext BlindtextBlindtextBlindtext BlindtextBlindtextBlindtext BlindtextBlindtextBlindtext

1.1.1 Überschrift 3

BlindtextBlindtextBlindtext BlindtextBlindtextBlindtext BlindtextBlindtextBlindtext BlindtextBlindtextBlindtext BlindtextBlindtextBlindtext BlindtextBlindtextBlindtext BlindtextBlindtextBlindtext BlindtextBlindtextBlindtext BlindtextBlindtextBlindtext

2 Überschrift 1

BlindtextBlindtextBlindtext BlindtextBlindtextBlindtext BlindtextBlindtextBlindtext BlindtextBlindtextBlindtext BlindtextBlindtextBlindtext BlindtextBlindtextBlindtext BlindtextBlindtextBlindtext BlindtextBlindtextBlindtext BlindtextBlindtextBlindtext

Abb. 11 Das Inhaltsverzeichnis automatisch erstellt

5. Die Seitenzahlen einfügen (Word®)

Titelblatt und Inhaltsverzeichnis tragen keine Seitenzahlen. Erst auf der ersten Textseite beginnt die Nummerierung mit „1" (also z.B. „1 Vorwort"). Dazu muss hier ein neuer Abschnitt beginnen. Setzen Sie den Cursor an den Beginn von Zeile 1. Wählen Sie unter der Registerkarte SEITENLAYOUT den Menüpunkt „Umbrüche" und klicken Sie im Drop-down-Menü auf „Nächste Seite".

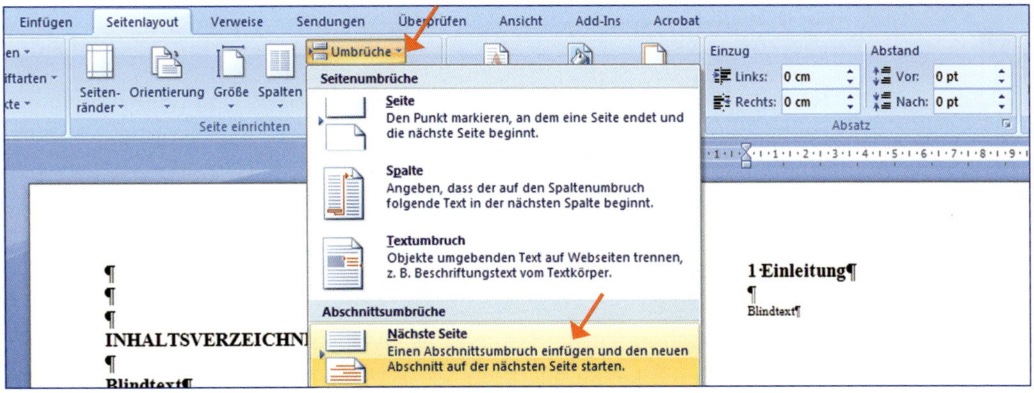

Abb. 12 Einen neuen Abschnitt einfügen

Um auf der ersten Textseite die Seitenzählung zu beginnen, gehen Sie auf EINFÜGEN, dort auf den Menüpunkt „Fußzeile" und ganz unten im Drop-down-Menü auf „Fußzeile bearbeiten". In der Menüleiste ist nun „Mit vorheriger verknüpfen" markiert. Durch Anklicken löschen Sie die Markierung.

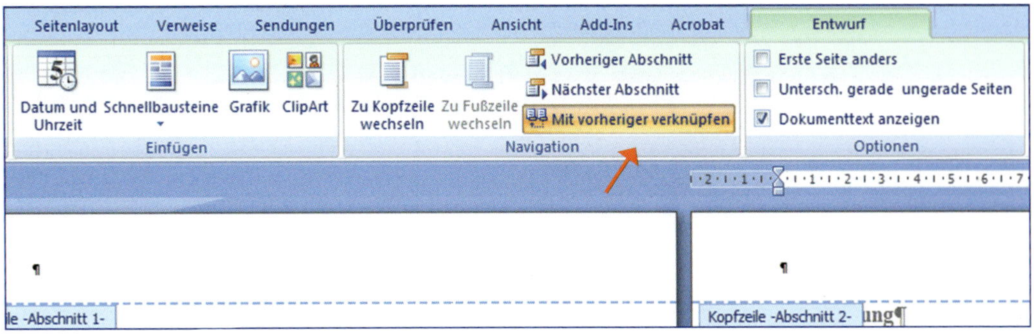

Abb. 13a Verknüpfung löschen

Nun gehen Sie wieder auf EINFÜGEN, auf den Menüpunkt „Seitenzahl", und wählen dort die Positionierung der Seitenzahl, z.B. „Einfache Zahl 2", also mittig.

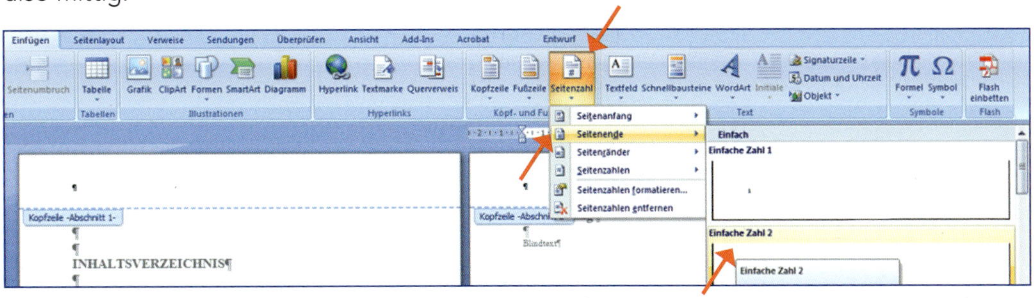

Abb. 13b Die Seitenzahl wählen

Die unten blinkende Seitenzahl im Dokument können Sie nun löschen und durch die „1" ersetzen. Damit beginnt die Nummerierung erst auf der ausgewählten Textseite.

16.2 Formatieren mit Open Office

Das Einrichten der Seite und des Inhaltsverzeichnisses mit Open Office geschieht ganz ähnlich wie mit Word®, nur das Vorgehen ist etwas anders. Diese Hinweise beziehen sich auf Open Office Writer Version 4.1.1.

1. Das Seitenlayout und die Seitenzahlen einrichten (Open Office)

Am oberen Seitenrand finden Sie das „Menüband" mit den 9 **„Registerkarten" (Menüs)** (Datei, Bearbeiten, Ansicht, Einfügen, Format, Tabelle, Extras, Fenster, Hilfe). Klicken Sie auf „Format", es öffnet sich ein Drop-down-Menü. Klicken Sie auf „Seite", es öffnet sich das Dialogfeld. Hier legen Sie das **Seitenlayout** fest. Für die Seitenränder ist eine übliche Einteilung links 3 cm, rechts 2,5 cm, oben und unten je 2 cm. Geben Sie die gewünschten Seitenränder ein und lassen Sie die übrigen Einstellungen unverändert. Bestätigen Sie mit „OK" (Abb. 14).

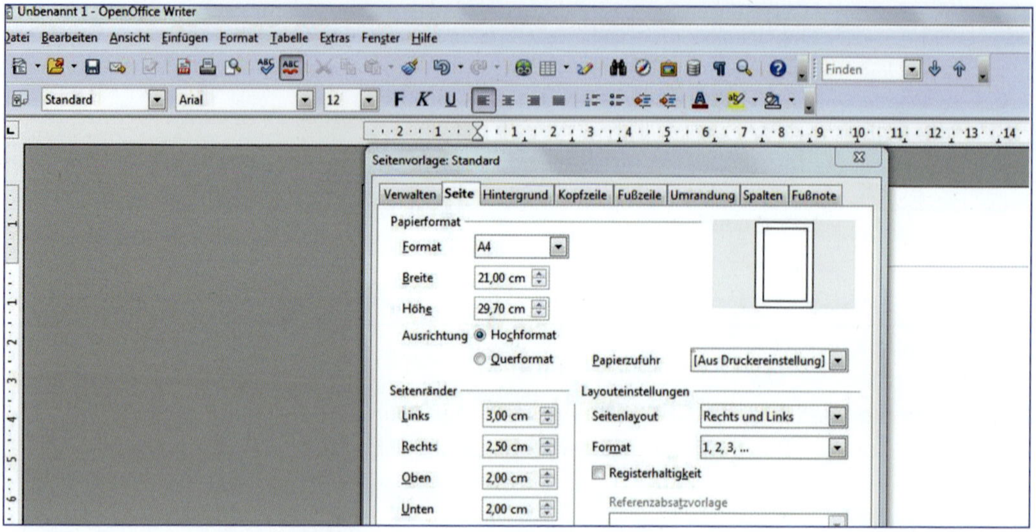

Abb. 14 Seitenlayout einrichten (Open Office)

Dies sollten Sie bereits vor Beginn des Schreibens tun, damit Sie verfolgen können, wie umfangreich Ihre Arbeit wird. Sie können jetzt auch schon die **Seitenzahlen einfügen:** Klicken Sie auf die Registerkarte „Einfügen", es öffnet sich ein Drop-down-Menü. Klicken Sie auf „Fußzeile" und dann rechts auf „Standard". Die Fußzeile ist angelegt. Gehen Sie wieder auf „Einfügen", sodann auf „Feldbefehl", dann rechts auf „Seitennummer".

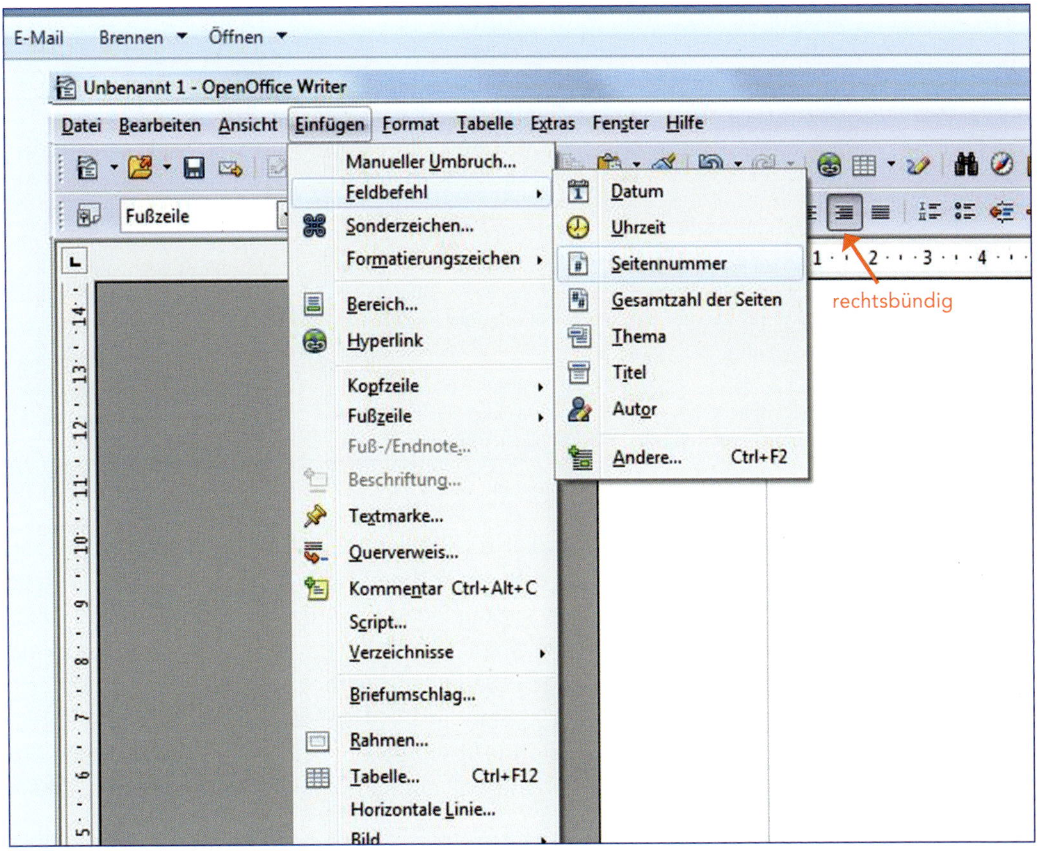

Abb. 15 Seitenzahlen einfügen (Open Office)

Ihre Seiten werden automatisch durchnummeriert, beginnend mit „1". Wenn Sie die Seitenzahlen unten rechts auf der Seite haben wollen (was zu empfehlen ist), klicken Sie im Menüband auf das Symbol für „Rechtsbündig" oder benutzen Sie die Tastenkombination „Strg + R", während der Cursor in der Fußzeile steht.

Bedenken Sie, dass die Seitenzählung mit der ersten Textseite beginnt, Titel und Inhaltsverzeichnis haben keine Seitenzahlen.

2. Die Formatvorlagen einrichten (Open Office)

Sie sollten nun die Formatvorlagen einrichten, denn die erleichtern Ihnen im Verlauf der Arbeit die Formatierung von Text und (Zwischen-)Überschriften.

Ein übliches Format für den Text („Textkörper") ist Arial 11 Punkte, Blocksatz.

Beginnen Sie damit, eine Textprobe und drei Überschriften zu schreiben, z. B.:

Überschrift 1

BlindtextBlindtextBlindtext BlindtextBlindtextBlindtext BlindtextBlindtextBlindtext
BlindtextBlindtextBlindtext BlindtextBlindtextBlindtext BlindtextBlindtextBlindtext
BlindtextBlindtextBlindtext BlindtextBlindtextBlindtext BlindtextBlindtextBlindtext

Überschrift 2

BlindtextBlindtextBlindtext BlindtextBlindtextBlindtext BlindtextBlindtextBlindtext
BlindtextBlindtextBlindtext BlindtextBlindtextBlindtext BlindtextBlindtextBlindtext
BlindtextBlindtextBlindtext BlindtextBlindtextBlindtext BlindtextBlindtextBlindtext

Überschrift 3

BlindtextBlindtextBlindtext BlindtextBlindtextBlindtext BlindtextBlindtextBlindtext
BlindtextBlindtextBlindtext BlindtextBlindtextBlindtext BlindtextBlindtextBlindtex
BlindtextBlindtextBlindtext BlindtextBlindtextBlindtext BlindtextBlindtextBlindtext

Abb. 16 Beispiel für einen Blindtext mit Überschriften (Open Office)

Klicken Sie auf die Registerkarte „Format" und dann im Drop-down-Menü auf „Formatvorlagen". Es öffnet sich das Menü „Formatvorlagen". Setzen Sie den Cursor in den Text. Klicken Sie mit der rechten Maustaste auf „Textkörper" und sodann mit links auf „Ändern". Es öffnet sich das Dialogfeld „Absatzvorlage: Textkörper". Wählen Sie unter der Registerkarte „Schrift" (ist schon geöffnet) „Arial", „Standard", „11pt" aus, dann unter der Registerkarte „Einzüge und Abstände" bei „Zeilenabstand" „1,5zeilig". Dann unter der Registerkarte „Ausrichtung" auf „Blocksatz". Bestätigen mit „OK".

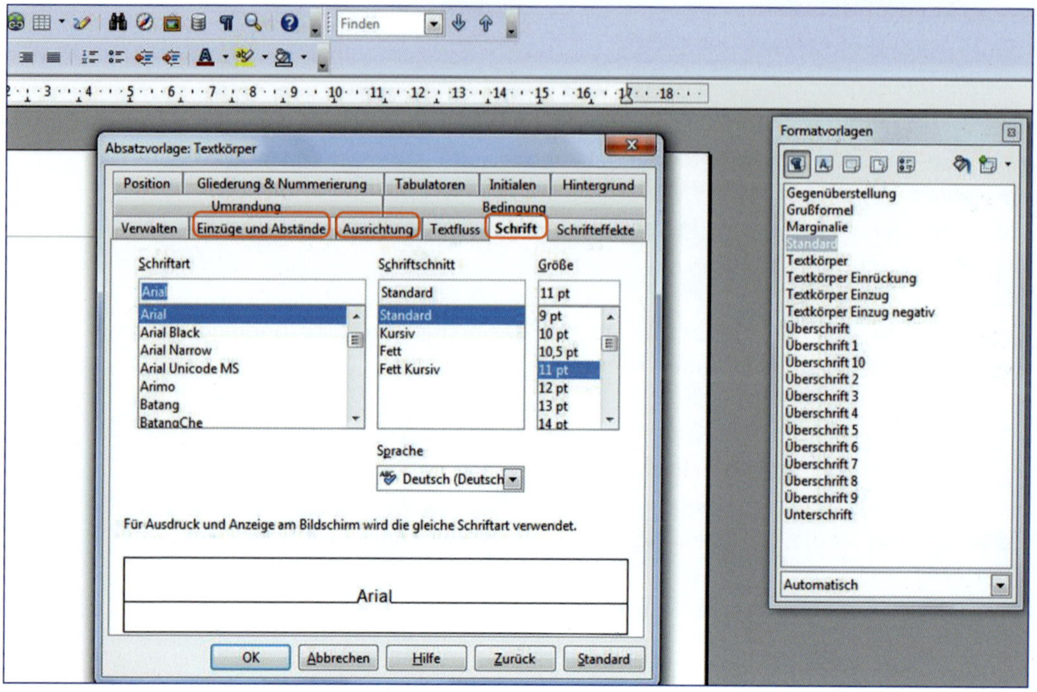

Abb. 17 Formatvorlage einrichten (Open Office)

3. Die Überschriften definieren (Open Office)

Für die Überschriften wählen Sie: für die Hauptkapitelüberschriften („Überschrift1") Arial 16 Punkte, linksbündig, für die folgenden Überschriften („Überschrift2", „Überschrift3") 13 bzw. 12 Punkte, alle linksbündig und fett.

Gehen Sie für jede Überschrift wie folgt vor: Klicken Sie auf die Registerkarte „Format" und dann im Drop-down-Menü auf „Formatvorlagen". Es öffnet sich das Menü „Formatvorlagen". Setzen Sie den Cursor in Ihrem Probetext in „Überschrift 1". Klicken Sie mit der rechten Maustaste auf „Überschrift1" und sodann auf „ändern". Es öffnet sich das Dialogfeld „Absatzvorlage: Überschrift1". Unter der Registerkarte „Schrift" „Arial", „Fett", „16pt" auswählen, unter der Registerkarte „Einzüge und Abstände" lassen Sie die Voreinstellungen stehen (Einzug vor dem Text 0,76 / Hinter dem Text 0 / Erste Zeile –0,76 / Abstand über den Absatz 0,42 / Unter Absatz 0,21 / Zeilenabstand Einzeilig) (Abb. 18). Mit „OK" bestätigen.

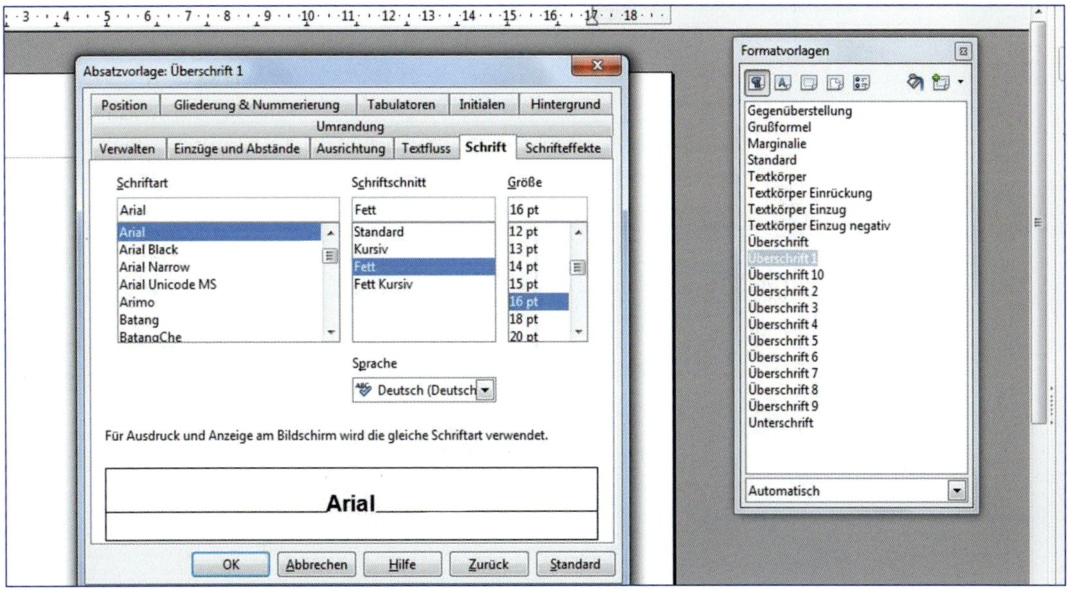

Abb. 18 Überschriften einrichten (Open Office)

Gehen Sie für Überschrift 2 und 3 ebenso vor. Wählen Sie für Überschrift 2 Arial Fett kursiv 13 pt., den Rest lassen Sie unverändert bzw. wie bei Überschrift1, und für die Überschrift 3 wählen Sie Arial Fett kursiv 12pt., Rest unverändert.

Wenn Sie nun Ihren Text schreiben und Sie möchten eine Überschrift oder Ihren Text formatieren, gehen Sie genauso vor: Format ➔ Formatvorlagen ➔ Cursor in gewählten Textteil ➔ Doppelklick in Auswahl in den Formatvorlagen.

4. Das automatische Inhaltsverzeichnis (Open Office)

Als nächstes bereiten Sie das Inhaltsverzeichnis automatisiert vor:

Setzen Sie den Cursor an den Beginn des Dokuments (wo das Inhaltsverzeichnis hin soll), klicken auf Registerkarte „Einfügen", klicken auf „Verzeichnisse", wieder auf „Verzeichnisse", auf dem Dialogfeld „Verzeichnis einfügen" lassen Sie Titel und Typ Inhaltsverzeichnis stehen, mit „OK" bestätigen.

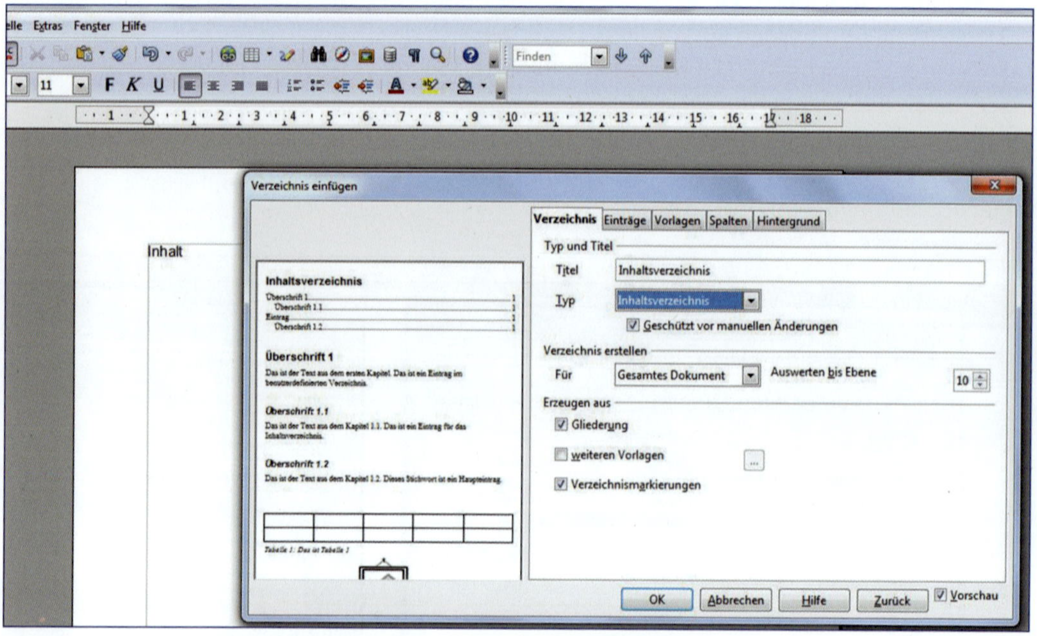

Abb. 19 Inhaltsverzeichnis einfügen (Open Office)

Dezimalklassifikation einfügen: Den Cursor in die erste Textzeile setzen. Wählen Sie die Registerkarte „Format", gehen Sie auf „Nummerierung und Aufzählungszeichen", wählen Sie „Gliederung" und dort das Feld „1/1.1/1.1.1/1.1.1 („Numerisch, vollständig"), und bestätigen Sie mit „OK" (Abb. 20).

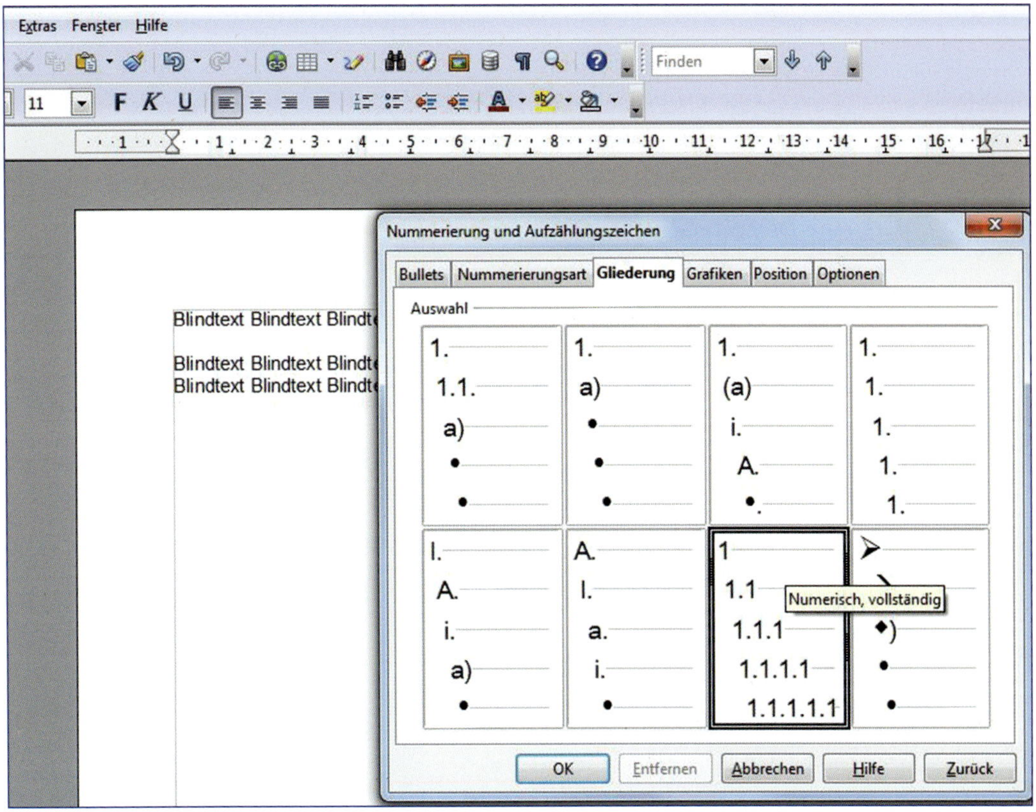

Abb. 20 Dezimalklassifikation einfügen (Open Office)

Eventuell müssen Sie jetzt noch das Inhaltsverzeichnis der Dezimalklassifikation angleichen. Klicken Sie mit rechts in das (grau unterlegte) Inhaltsverzeichnis und links auf „Verzeichnis aktualisieren".

16.3 Zur Dezimalklassifikation - Aufbau der Arbeit

Die übliche Gliederung einer Abschlussarbeit ist die Dezimalklassifikation. Als Beispiel hier das Inhaltsverzeichnis einer Facharbeit, die auf einer Aktivität während des letzten absolvierten Praktikums basiert:

Inhalt

Abb. 21 Inhaltsverzeichnis Facharbeit 1

Es beginnt mit der Ziffer „1" für die Einleitung. (Manchmal sieht man, dass die Einleitung die Ziffer „0" hat, es folgt dann 0.1, 0.2 – dies ist jedoch unüblich und erscheint mir auch unlogisch.) Dieses Kapitel enthält zumeist die Motivation, diese Arbeit zu schreiben, weiterhin wird die Fragestellung bzw. die Forschungsfrage erläutert und das geplante Vorgehen zur Bearbeitung der Aufgabe dargestellt. Machen Sie vor Beginn der eigentlichen Schreibarbeit einen Grobentwurf für die Einleitung, aber wie bei einem Routenplaner müssen Sie sich ja nicht daran halten – Hauptsache, Sie kommen ans Ziel. Wenn Sie am Ziel sind, die Arbeit also beendet haben, schreiben Sie das erste Kapitel Einleitung noch einmal richtig – sozusagen unter Beachtung der tatsächlich gefahrenen Strecke!

In der vorliegenden Arbeit (Abb. 21) zum Thema „Kinder und der Tod – Sinn der pädagogischen Auseinandersetzung über Sterben und Trauer mit Kindern im Elementarbereich" werden in den Kapiteln 2 und 3 die beiden zentralen Sachgebiete des Themas, nämlich „Sterben und Tod" sowie „Tabuisierung des Todes" jeweils sowohl fachlich als auch pädagogisch bearbeitet. Die Kapitel 4 und 5 bilden in dieser Arbeit den Hauptteil, nämlich die pädagogische Auseinandersetzung mit diesem Thema in der sozialpädagogischen Praxis mit der Darstellung des eigenen Projektes und vorhandener Materialien sowie die Anwendung auf konkrete Situationen in der Praxis. Dies ist ein gutes Beispiel für wissenschaftliche Systematik: Erst, wenn ein gemeinsames Verständnis über alle wichtigen Fakten hergestellt ist, einschließlich der Position der Autorin, erfolgt eine Diskussion über die Anwendung des erworbenen Wissens in pädagogischem Handeln: Wie können trauernde Kinder unterstützt werden und wie wird mit den Eltern zusammengearbeitet? Die Kapitel 6 und 7 bilden hier den Schlussteil, wobei Kapitel 7 besser „Persönliches Fazit" hieße. Diese beiden Kapitel stellen die Schlussfolgerungen des vorher theoretisch und praktisch Erarbeiteten für die berufliche Praxis von Erzieherinnen allgemein und für die Autorin im Besonderen dar.

Literaturverzeichnis, Anhänge und Erklärung erhalten ebenso wenig eine Dezimalzahl wie das Inhaltsverzeichnis.[22]

[22] Die gesamte Facharbeit von Isabelle Hetscher ist in Heft 7/2015 der „Beiträge aus der sozialpädagogischen Ausbildung" ab S. 31 abgedruckt.

Ein anderes Beispiel für eine Dezimalklassifikation einer Arbeit:

Inhaltsverzeichnis

1 Einleitung 1
- 1.1 Motivation 1
- 1.2 Zielsetzung 1
- 1.3 Aufbau der Arbeit 2

2 Analyse eines Praxisbeispiels 3
- 2.1 Die therapeutische Jugendwohngruppe - TWG 3
  - 2.1.1 Konzept 3
  - 2.1.2 Regeln und Strukturen 4
- 2.2 Biografie eines 19-jährigen Jungen 5
- 2.3 Praktikumsverlauf 7

3 Theoretische Grundlagen 9
- 3.1 Bindung und Bindungsmuster 9
  - 3.1.1 Entstehung von Bindung 9
  - 3.1.2 Verhaltenssysteme und ihre Bedeutung 10
  - 3.1.3 Fremde-Situation-Test 13
  - 3.1.4 Ursachen und Folgen der verschiedenen Bindungsmuster 15
- 3.2 Das inneren Arbeitsmodells von Bindung 18
  - 3.2.1 Veränderbarkeit des inneren Arbeitsmodells von Bindung 19
- 3.3 Professionelle Beziehungsarbeit 20
- 3.4 Bedeutung von Strukturen und Regeln 23

4 Schlussfolgerungen für die Praxis 25
- 4.1 Verhaltensanalyse 25
- 4.2 Potenzielle Beziehungsgestaltung 27
- 4.3 Ausgewählte pädagogische Methoden 29

5 Zusammenfassung 31

Literaturverzeichnis 33

Abb. 22 Inhaltsverzeichnis Facharbeit 2

Auch hier beruht die Arbeit auf einer Praktikumserfahrung, die Autorin hat jedoch zuerst die Situation geschildert, um dann recht umfangreich die theoretischen Grundlagen darzustellen. Unter „4" hat sie die Schlussfolgerungen für die Praxis, unter „5" die Reflexion der eigenen Arbeit untergebracht[23].

Diese Klassifikation ist für die Leserin oder den Leser leicht zu erfassen (sie sollte auch eine Seite nicht überschreiten) und gibt einen ersten, guten

[23] Die Arbeit mit dem Titel „Ist das innere Arbeitsmodell von Bindung eines jungen Volljährigen veränderbar?" von Nora Mudrack findet sich leicht gekürzt in den „Beiträgen aus der sozialpädagogischen Ausbildung", Heft 5/2014, ab S. 32.

Eindruck davon, ob die Arbeit systematisch aufgebaut und stringent gegliedert ist. Es wurden hier absichtlich zwei unterschiedliche Gliederungen abgedruckt, um anzudeuten, dass es die eine richtige nicht gibt. Außerdem zwingt solch eine Gliederung die jeweilige Autorin, geradlinig zu denken und nicht abzuschweifen.
Sinnvoll ist es, zuerst die Hauptüberschriften (1, 2, 3, 4 ...) anzulegen und erst, wenn man mit dem Schreiben des jeweiligen Kapitels begonnen hat, die Überschriften 2. Grades (5.1, 5.2, 5.3, 5.4 ...) anzulegen und die entsprechenden Abschnittsinhalte auszuführen. Die Unterteilung sollte nicht über Überschriften 3. Grades (5.5.1, 5.5.2 ...) hinausgehen, sonst wird die Arbeit leicht unübersichtlich. Ein weiterer Vorteil dieser Systematik ist es, dass später weitere Kapitel/Unterkapitel eingefügt werden können, ohne das Inhaltsverzeichnis und die Seitenzahlen ändern zu müssen, denn diese passen sich „automatisch" an, wenn Sie wie oben beschrieben vorgegangen sind.

Muss ich die automatische Formatierung mit dem Schreibprogramm benutzen?

Für einen systematischen Aufbau der Arbeit mit einer klaren Gliederung ist die Verwendung der Dezimalklassifikation zwar unerlässlich, wenn Sie aber auf die automatische Formatierung und das Inhaltsverzeichnis verzichten möchten, dann geht es natürlich auch manuell. Dabei sollten Sie einige Regeln beachten:

1. Schreiben Sie sowohl die Kapitelüberschriften wie das Inhaltsverzeichnis durchweg linksbündig.
2. Hinter die jeweils **letzte** Ziffer der Nummerierung kommt **kein** Punkt (z. B. 1 / 1.1 / 1.1.1).
3. Gehen Sie nicht über Kapitel 3. Ordnung hinaus (z. B. 2.2.3).
4. Wenn Sie einen interessanten, in sich geschlossenen Gedanken einfügen wollen, der einen bestimmten Aspekt des Themas vertieft, nennen Sie ihn „Exkurs" und geben Sie ihm eine eigene Ordnungszahl.
5. Notieren Sie sich die Formatierung für die Kapitelüberschriften 1., 2. und 3. Ordnung (z. B. Arial 16 Punkte; 14 Punkte; 12 Punkte fett).

Eine Übung zur Dezimalklassifikation

Sie haben sicher schon bemerkt, dass das Inhaltsverzeichnis dieses Buches nicht nach der Dezimalklassifikation aufgebaut ist, die für eine Facharbeit empfohlen wird.
Im Folgenden ist das Inhaltsverzeichnis ohne Kapitelnummern und Seitenzahlen abgedruckt. Geben Sie den einzelnen Abschnitten sinnvolle Kapitelnummern 2. und 3. Ordnung.

FORMBLÄTTER UND FORMSACHEN

TEIL 6

17 Fotos und Datenschutz

Fotos und Vertraulichkeit

Es kann sinnvoll sein, einen in der Arbeit oder in einem Praktikumsbericht geschilderten Sachverhalt mit Fotos zu belegen, auf denen Kinder zu erkennen sind. Hierzu gibt es drei Grundsätze:

- Machen Sie niemals Fotos von Kindern, die sehr leicht bekleidet oder unbekleidet sind.
- Wenn Sie Fotos von Kindern in einer Spielsituation machen, legen Sie die Aufnahmen den Eltern als Ausdruck vor oder zeigen Sie sie den Eltern auf dem Handy-Display und lassen Sie sich von den Eltern schriftlich bestätigen, dass Sie die Fotos für schulische bzw. Ausbildungszwecke verwenden dürfen. Einen Vorschlag für ein solches Formular finden Sie unten.
- Fotos aus Kindertagesstätten oder Schulen dürfen niemals ins Internet gelangen. Um dies zu verhindern, versenden Sie Fotodateien keineswegs und geben Sie diese nie aus der Hand. Für die Facharbeit werden die Fotos ausgedruckt, für ein Referat oder das Kolloquium werden sie in eine PowerPoint-Präsentation integriert.

Wenn Sie zu Beginn des Praktikums wissen, dass Sie eine Fotodokumentation anfertigen werden, entwerfen Sie einen Brief für alle Eltern, in dem Sie sie pauschal um ihre Zustimmung dafür bitten, verbunden mit dem Versprechen, ihnen alle Bilder zur Genehmigung vorzulegen, die Sie weiter verwenden möchten.

In vielen Einrichtungen haben die Eltern eine pauschale Zustimmung gegeben, damit die Kinder zu Beobachtungszwecken oder für Portfolios fotografiert werden dürfen. Dies betrifft nur die kindergarten-interne Verwendung der Fotos und befreit Sie nicht von der Verpflichtung, die Genehmigung der Eltern einzuholen.

Wenn Eltern ihre Zustimmung verweigern, müssen Sie dies uneingeschränkt akzeptieren.

Datenschutz

Auch in Facharbeiten dürfen **keine Klarnamen** von Kindern oder Eltern verwendet werden. Am besten erfinden Sie Namen oder verwenden nur Initialen; setzen Sie dann beim ersten Gebrauch eines Namens eine Fußnote mit einem entsprechenden Hinweis.

18 Formblätter und Erklärungen

Beispiel für ein Titelblatt

[Name der Einrichtung]

Fachschule für Sozialpädagogik

[Adresse]

[Stadt]

Facharbeit

im Rahmen der Ausbildung zur staatlich anerkannten Erzieherin

an [Name der Einrichtung], Fachschule für Sozialpädagogik

[Titel

und Untertitel der Facharbeit]

[Name der Fachschülerin]

[Adresse, Stadt]

Betreuende Lehrkraft / Tutorin: ....

Schuljahr ..... / ......

Abgabetermin: ....

Abb. 23 Titelblatt

Beispiel für einen Antrag auf Genehmigung eines Facharbeitsthemas

Einreichung des Themas der Facharbeit

Name des Studierenden (Fachschüler/-in): ....

Adresse: ....

Telefonnummer: ....

E-Mail-Adresse: ....

Arbeitsfeld/berufliche Tätigkeit
(bei Nicht-Schüler-Prüfung): ....

....

Ich beantrage, folgendes Facharbeitsthema an mich zu vergeben:
Facharbeitstitel: ....

....

Es ist geplant, folgende Themen innerhalb der Bearbeitung des Facharbeitsthemas zu behandeln:
Behandelte Themen/Lernfelder: ....

....

....

....

....

Bei der Entwicklung meines Themas bin ich von Frau/Herrn .... beraten worden.

Die Handreichung zur Facharbeit habe ich zur Kenntnis genommen.
Ich weiß, dass sie die Grundlage für die Anfertigung der Facharbeit ist.

....
Datum/Unterschrift

Das oben dargestellte Thema ist genehmigt/nicht genehmigt und wird von folgender Lehrkraft vergeben:

....
Datum, Unterschrift der Lehrkraft

....
Datum, Unterschrift der Schulleitung

(nach: Richtlinie zur Erstellung einer Facharbeit, Berlin.de)

Abb. 24 Genehmigungsantrag Thema

Beispiel für Erklärungen, dass die Arbeit selbstständig angefertigt wurde und dass ein Exemplar in die Fachschulbibliothek eingestellt werden darf

Eidesstattliche Erklärung

Ich versichere, dass ich diese Facharbeit selbstständig angefertigt und keine anderen als die von mir angegebenen Quellen und Hilfsmittel verwendet habe. Die den benutzten Werken wörtlich oder inhaltlich entnommenen Stellen sind als solche gekennzeichnet.

[Ort], den ________________

____

[Name]

Erklärung zur Veröffentlichung der Facharbeit

Ich bin damit (nicht) einverstanden, dass die von mir verfasste Facharbeit der schulinternen Öffentlichkeit zugänglich gemacht wird.

[Ort], den ________________

____

[Name]

Abb. 25 Eidesstattliche Erklärung

Diese Erklärung müssen Sie natürlich nicht abgeben – aber Ihre Mitstudierenden werden es Ihnen danken.

Beispiel für eine Einwilligungserklärung, dass Fotos von Kindern in einer Facharbeit verwendet werden dürfen

Einwilligungserklärung

Hiermit erteile ich

Frau / Herrn……………………………………………………

das Recht, die folgenden Fotos meines Kindes / meiner Kinder für schulische bzw. für Ausbildungszwecke zu verwenden:

genaue Bezeichnung (z.B. IMG_1234) oder genaues Datum:

………………………………………………………………………

………………………………………………………………………

………………………………………………………………………

………………………………………………………………………

Die Bilder dürfen in keiner Form online gestellt werden.

………………………………………………………………………
Name, Vorname

………………………………………………………………………
Straße

………………………………………………………………………
PLZ, Ort

………………………………………………………………………
Datum, Unterschrift

Abb. 26 Einwilligungserklärung Fotos

DER ABSCHLUSS

TEIL 7

19 Die Beurteilung Ihrer Arbeit

Wenn Sie die fertige Arbeit abgegeben haben, wird sie in angemessener Zeit von Ihrer betreuenden Lehrkraft beurteilt werden, manchmal auch noch von einem Zweitkorrektor. Je nach Bundesland ist es notwendig, dass Ihre Arbeit „den Anforderungen entspricht" und Sie damit zum Kolloquium zugelassen sind, oder Ihre Arbeit wird benotet und Sie sind bei einer mindestens „ausreichenden" Leistung zum Kolloquium zugelassen.

Die Beurteilung erfolgt im Allgemeinen anhand eines Beurteilungs- oder Kriterienbogens und zusätzlich durch ein schriftliches Gutachten.

Es ist sinnvoll, sich vor Beginn der Arbeit an der Facharbeit mit den individuellen Beurteilungskriterien an Ihrer Schule zu beschäftigen. Es gibt jedoch einige allgemein akzeptierte Kriterien, und zwar wird im **Kriterienbogen** zumeist unterschieden nach

- formalen,
- methodischen und
- inhaltlichen Aspekten.

Formale Aspekte

Drei Kriterien für die Beurteilung Ihrer Arbeit

Zu den formalen Aspekten gehört zuallererst, dass das Titelblatt, das Inhaltsverzeichnis, das Literaturverzeichnis und die Beschriftungen von Tabellen, Bildern usw. korrekt sind und den Vorgaben der Einrichtung entsprechen. Auch das Seitenlayout, die Schriftgröße, der Umfang der Arbeit und die Heftung sind vorgegeben und müssen eingehalten werden. Zum Layout gehört auch die Dezimalklassifikation der Kapitel.

Viel Sorgfalt sollte auch auf die Einhaltung der Zitierregeln und das Erstellen des Literaturverzeichnisses verwendet werden, denn dies sind Grunderfordernisse wissenschaftlichen Arbeitens und eine Voraussetzung dafür, dass sowohl die fachtheoretischen Grundlagen der Arbeit als auch die Ergebnisse nachvollzogen und gegebenenfalls überprüft werden können. Auch sprachliche Richtigkeit ebenso wie eine angemessene, sachliche und differenzierte Ausdrucksweise gehören zu den formalen Kriterien.

Methodische Aspekte

Methodische Aspekte, die Ihre Fachlehrerin bei der Beurteilung der Arbeit berücksichtigen wird, sind solche, die den logischen Aufbau der Arbeit und Ihre Argumentation betreffen. Sind die drei Hauptteile der Arbeit klar erkennbar und sind Bezüge zwischen ihnen vorhanden, also Ausblicke und Rückverweise? Werden die Untersuchungsziele, die Sie in der Einleitung genannt haben, am Schluss eingelöst? Sind Ihre Aussagen im fachtheoretischen Teil durch Zitate und Quellenbelege abgesichert? Sind Daten und Fakten klar von persönlichen Wertungen getrennt und kommen Sie zum Schluss aber zu begründeten Schlussfolgerungen? Eine wichtige Voraussetzung für einen klaren Aufbau und eine überzeugende Argumentation ist die Anlage eines guten Inhaltsverzeichnisses vor Beginn der Arbeit und der Mut, sich auf das Wesentliche zu beschränken, aber auch, das Wesentliche wirklich zu berücksichtigen!

Die richtige Methodik ist also das Mittel, das Sie benutzen, um den Leser dahin zu bringen, Ihren Ausführungen zu folgen, ihnen Glauben zu schenken und zum Schluss möglichst auch Ihre Meinung zu teilen – oder zumindest, sie als gut begründet und fundiert anzuerkennen.

Inhaltliche Aspekte

Die inhaltlichen Aspekte der Arbeit beziehen sich zuerst auf den Umgang mit dem Thema: Wird es im ersten Teil schlüssig und begründet definiert und eingegrenzt? Wird die Wahl des Themas überzeugend begründet? Wird eine Untersuchungsfrage formuliert?

Weiterhin steht die Materialauswahl im Mittelpunkt: Sind die Quellentexte und die fachlichen Grundlagen Ihrer Ausführungen für das Thema relevant, sind sie aktuell und entspricht Ihre Literaturauswahl dem Stand der

Wissenschaft? Natürlich: Haben Sie Ihre Quellen und verwendeten Theorien korrekt wiedergegeben?

Schließlich ist es der Anspruch einer Facharbeit, wissenschaftliche Theorien und berufliche *Anforderungen miteinander zu verknüpfen*. Ist Ihnen das in der Arbeit gelungen, dient Ihre Zielformulierung also der sozialpädagogischen Praxis?

Schlussendlich: Haben Sie erkennbar einen eigenen Standpunkt entwickelt bzw. selbstständig Ergebnisse erzielt und dabei auch sich selbst und Ihr Berufsrollenverständnis reflektiert?

Diese inhaltlichen Aspekte spiegeln auch die zentralen beruflichen Anforderungen an eine sozialpädagogische Fachkraft wider: Im Mittelpunkt steht nicht die Menge des erworbenen Wissens allein, auch nicht nur die Fähigkeit, schwierige Probleme mit wissenschaftlicher Methodik zu lösen, sondern unter Zuhilfenahme aktueller wissenschaftlicher Theorien und Erkenntnisse Anforderungen des sozialpädagogischen Alltags situationsgerecht zu meistern.

Um ein „Bestanden" zu erreichen, muss Ihre Arbeit in allen drei Bereichen die Anforderungen erfüllen.

In einem schriftlichen Gutachten werden die besonderen Stärken der Arbeit hervorgehoben, die wesentlichen inhaltlichen Ergebnisse und die hervorstechende Methodik gewürdigt, aber auch auf vorhandene Schwächen oder Defizite hingewiesen.

Das Gutachten wird manchmal durch einen Kriterienbogen ergänzt oder ersetzt.

Zumeist erhalten Sie von Ihrer Lehrkraft eine zumindest mündliche Rückmeldung, manchmal auch das schriftliche Gutachten, damit Sie sich auf das **Kolloquium** vorbereiten können, um eventuelle Schwachpunkte Ihrer Arbeit in der mündlichen Darstellung noch auszubügeln.

Bei Praktikumsberichten: Wenn, wie in einigen Bundesländern gefordert, die Facharbeit in Gestalt eines Praktikumsberichts verlangt wird, so sind die Bewertungskriterien an die Anforderungen dieses Formats angepasst. Da hier meist eine Aktivität, ein Projekt oder eine Reihe von Aktivitäten im Mittelpunkt der Arbeit steht, sind die *inhaltlichen Aspekte* insbesondere
- eine zutreffende Analyse der Voraussetzungen in der Einrichtung,
- didaktische Überlegungen zu der geplanten Aktivität einschließlich der gewählten Methodik,
- die Durchführung laut Plan sowie notwendige Korrekturen,
- eine Reflexion von theoretischer Begründung, Vorbereitung, Durchführung und eigenem Einsatz.

Die übrigen Teile der Arbeit sind – natürlich angepasst – mit den Anforderungen an eine theoretische Facharbeit vergleichbar: die formalen Kriterien ebenso wie ein gut strukturierter Aufbau und ein reflektierender Schlussteil.

20 Das Kolloquium, die Präsentation oder das Fachgespräch

Ein „colloquium" (lat.) ist ursprünglich nur ein „Gespräch", bedeutet heute aber ein „wissenschaftliches Gespräch" und ist Teil vieler akademischer Prüfungen.

Einige Zeit, nachdem Ihre Facharbeit als „bestanden" bewertet wurde, folgt der letzte Akt: Sie müssen ihre Facharbeit präsentieren. Dies kann in einem **Einzelgespräch** vor zumeist mehreren Fachschullehrern oder in einem **Kolloquium** geschehen, in dem mehrere Fachschülerinnen einer „Prüfungskommission" gegenübersitzen. Zumeist haben Sie etwa 10 Minuten Zeit, um Ihre Facharbeit mündlich vorzustellen, und weitere 10 Minuten entfallen auf ein Fachgespräch mit den Prüfern und eventuell mit Ihren Mitstudierenden. **Ziel** ist es, festzustellen, ob Sie die wichtigsten Aussagen Ihrer Arbeit auch mündlich vorstellen können und in der Lage sind, auf Nachfragen begründete Antworten zu geben.

Das Kolloqium hier ähnelt einer „echten" beruflichen Situation.

Diese Präsentation mit Fachgespräch ähnelt also einer Situation, der Sie „im wirklichen Leben" in Ihrer Berufstätigkeit als Sozialpädagogin des Öfteren begegnen werden: Stellen Sie sich eine Teamsitzung in Ihrer Einrichtung mit einem Themenschwerpunkt vor, z. B. „Die Verbesserung der Sprachförderung von Kindern, deren Muttersprache nicht Deutsch ist". Sie haben sich bereit erklärt, zu Beginn der Diskussion einige grundlegende Fakten zu diesem Thema zusammenzutragen, unterschiedliche Konzepte dazu vorzustellen und auf die Bedeutung dieses Themas, speziell unter den Bedingungen Ihrer Einrichtung, hinzuweisen. Zwar werden Sie sich nicht wochenlang darauf vorbereiten und keine 20-seitige Arbeit schreiben, aber das Vorgehen ist ähnlich und geht über ein einfaches Referat hinaus, denn Ihre Kollegen werden sicherlich weiterführende, vielleicht auch bohrende Fragen an Sie stellen, und dann sähen Sie schlecht aus, wenn Sie Ihren Vortrag nur aus Wikipedia zusammengestellt hätten.

Dieses Kolloquium ist keine übliche Prüfungssituation im herkömmlichen Sinne, denn Ihnen werden keine Fragen gestellt, auf die Sie exakt antworten müssen: Der Verlauf des Gesprächs, seine Schwerpunkte und die gewählte Methodik sind Ihre Entscheidung, denn ein Referat ist mehr als ein Vortrag, er kann den **Gebrauch verschiedener unterstützender Medien** einschließen, um Sachverhalte übersichtlicher zu gestalten, Schwerpunkte zu setzen oder Aussagen visuell zu unterstützen. Beispiele dafür sind PowerPoint-Präsentationen, vorgefertigte Plakate, Flipcharts und – nicht zu unterschätzen – die Schultafel. Overhead-Projektoren sind zwar aus der Mode, können aber durchaus auch gute Dienste leisten. Sie können auch zu Beginn Ihres Kurzvortrags ein Handout mit den wichtigsten Punkten verteilen.

Medieneinsatz

Das Wichtigste beim Gebrauch all dieser Medien ist: Sie müssen die Aussagen des gesprochenen Wortes *sinnvoll unterstützen*. Es gibt leider sehr viele Arten, sie unsachgemäß einzusetzen und mehr Schaden als Nutzen zu verursachen:

Medien sind kein Selbstzweck!

- Die Schrift auf der Flipchart ist zu klein und unlesbar.
- Die Handschrift an der Tafel ist krakelig, das Tafelbild ist unübersichtlich.
- Die PowerPoint-Präsentation wird nur vorgelesen.
- Der Raum ist zu hell, sodass die PowerPoint-Präsentation oder die Overhead-Folien unlesbar sind.
- Das Handout ist so umfangreich, dass man nicht gleichzeitig lesen und Ihnen zuhören kann.
- Am schlimmsten: Die Technik funktioniert nicht so, wie Sie es wollen. Denn bei dem Versuch, „es doch noch hinzukriegen", werden Sie unweigerlich nervös und unsicher und verärgern die Anwesenden.

> **ANMERKUNG** Medieneinsatz ist sinnvoll, muss aber gut vorbereitet sein. Letztendlich gilt jedoch: Das Hauptarbeitsmittel des Pädagogen ist die Sprache, kein Medieneinsatz kann sie ersetzen.

Der Vortrag

Planen Sie Ihren Vortrag gut. Berücksichtigen Sie, dass nicht alle Anwesenden Ihre Arbeit gelesen haben. Planen Sie ihn in drei Teilen:

Sie können sich Stichpunkte auf Kärtchen machen – aber lesen Sie sie nicht vor!

Einstieg

- Was ist das Thema und weshalb haben Sie es gewählt?
- Was ist der Schwerpunkt Ihres Vortrags?
- Überblick über die Gliederung Ihres Vortrags

Der Hauptteil (eine kurzgefasste Zusammenfassung Ihrer Arbeit)

- Mit welcher Methodik sind Sie vorgegangen bzw. auf welche Theorien stützen Sie sich?
- Die Hauptinhalte Ihrer Arbeit
- Was sind die Hauptergebnisse Ihrer Untersuchung/Ihrer Recherche?
- Der Hauptteil sollte zeitlich den meisten Raum einnehmen.

Der Schluss (gleichzeitig Ihr persönliches Fazit)

- Ihr persönlicher Standpunkt zum Ergebnis der Arbeit – was haben Sie dazugelernt?
- Welche pädagogischen Konsequenzen ergeben sich Ihrer Meinung nach aus der Arbeit?
- Was ist das Wichtigste, was Sie daraus gelernt haben – auch für Ihre berufliche Zukunft? (Das schließt auch offene Fragen ein, an denen Sie eventuell noch weiter arbeiten möchten.)

Wie halten Sie Ihren Vortrag? Sowohl Stimme als auch Persönlichkeit wirken am besten, wenn Sie stehen. Nehmen Sie etwas in die Hand – einen Kugelschreiber, ein Karteikärtchen, ein Buch, das Sie benutzt haben und aus dem Sie vielleicht einen Satz vorlesen – und spielen Sie damit. Wechseln Sie Ihre Position, stehen Sie nicht starr da. Benutzen Sie ruhig *ab und zu* Füllsätze („So, das war mir sehr wichtig. Ich möchte nun zu einem anderen wichtigen Punkt kommen."), das wirkt souverän und verschafft Ihnen etwas Zeit, um sich zu sammeln. Vermeiden Sie wiederholte Floskeln („Genau. Tja, was noch? Keine Ahnung. Und irgendwie ...").

Anschließendes Gespräch oder Gruppendiskussion

Möglichkeiten, mit Fragen umzugehen

Beim Gespräch ist es günstig, wenn Sie sich an den Tisch setzen. Das entspannt nach dem Vortrag und Sie können sich Notizen machen. Wenn Fragen an Sie gerichtet werden, müssen Sie nicht wie im Unterricht sofort die passende Antwort parat haben. Sie können die Frage in einen größeren Zusammenhang stellen („Bevor ich darauf eingehe, würde ich gerne noch eine Anmerkung zum Verfahren machen ..."), oder mit einer Ich-Botschaft antworten („Genau diese Frage hatte ich mir zu Beginn auch gestellt ..."), oder sie auch abwehren, indem Sie z. B. sagen: „Darauf bin ich in der Arbeit nicht eingegangen, weil das meiner Meinung nach ein neues Thema gewesen wäre bzw. den Umfang einer Facharbeit gesprengt hätte."

Üben Sie ruhig auch begründete Selbstkritik.

Umgang mit Kritik: Der Umgang mit kritischen Anmerkungen will gelernt sein: Eine berechtigte Kritik an Ihrer Arbeit oder Ihrem Vortrag können Sie aufnehmen und zu Ihrer eigenen Sache machen: „Stimmt. Auf diesen Punkt bin ich nicht ausreichend eingegangen. Das sehe ich jetzt auch so." Das gibt ein besseres Bild ab, als wenn Sie versuchen, sich zu rechtfertigen, und gibt Ihnen die Möglichkeit, lieber zu einem anderen Thema überzugehen.

Bei einer Gruppendiskussion: Wenn Sie sich in einem Kolloquium befinden, in dem abschließend eine Diskussion in einer Gruppe von Fachschülern stattfindet, gehen Sie positiv-konstruktiv auf Ihre Mitstudierenden ein. Stellen Sie weiterführende Fragen, die ihren Kollegen die Möglichkeit geben, einen Punkt genauer zu erklären, und stellen Sie damit gleichzeitig unter Beweis, dass Sie von der Materie Ahnung haben, dass Sie eine positive Gesprächskultur beherrschen und dass Sie zugehört haben.

Abschließend: Die meisten Teilnehmerinnen an den Fachgesprächen/Kolloquien sagen anschließend, dass es zwar anstrengend, aber eine richtig gute Diskussion war, bei der es auf jeden ankam und jeder die Gelegenheit hatte, seine Meinung zu äußern. Was sagen die Lehrerkollegen anschließend? „Man sieht doch, dass Ihr in den letzten drei Jahren eine Menge gelernt habt und viele wichtige Erfahrungen gemacht habt, auch wenn Ihr hier nur einen Bruchteil davon zeigen konntet!"

Literatur

Verwendete Literatur

Teil 1 ZIEL UND ZWECK DIESES BUCHES

Evangelische Hochschule Berlin:
Information zu BA-Thesis und Colloquium. URL: www.eh-berlin.de/studium/soziale-arbeit/ba-thesis-und-colloquium.html (Abruf 20.11.2014)

Janssen, Rolf; Deutsches Jugendinstitut (Hrsg.): Die Ausbildung frühpädagogischer Fachkräfte an Berufsfachschulen und Fachschulen. Eine Analyse im Ländervergleich. Expertise für das Projekt Weiterbildungsinitiative Frühpädagogische Fachkräfte (WiFF). München. 2010, S. 93 ff.

Kultusministerkonferenz der Länder: Kompetenzorientiertes Qualifikationsprofil für die Ausbildung von Erzieherinnen/ Erziehern an Fachschulen/ Fachakademien (Beschluss der Kultusministerkonferenz vom 01.01.2011, Teil IV), URL: www.kmk.org/fileadmin/veroeffentlichungen_beschluesse/2011/2011_12_01-ErzieherInnen-QualiProfil.pdf (Abruf 20.11.2014)

Kultusministerkonferenz der Länder: Rahmenvereinbarung über Fachschulen (Beschluss der Kultusministerkonferenz vom 07.11.2002 i.d.F. vom 12.12.2013, Punkt 9.3 und 9.4), URL: www.kmk.org/dokumentation/veroeffentlichungen-beschluesse/bildung-schule/berufliche-bildung.html#c7161 (Abruf 20.11.2014)

Kultusministerkonferenz; Jugend- und Familienministerkonferenz: Beschluss der Kultusministerkonferenz vom 16.09.2010, Beschluss der Jugend- und Familienministerkonferenz vom 14.12.2010 zum Thema Weiterentwicklung der Aus-, Fort- und Weiterbildung von Erzieherinnen/Erziehern – Gemeinsamer Orientierungsrahmen „Bildung und Erziehung in der Kindheit", Punkt 4, Eckpunkte. URL: www.kmk.org/fileadmin/veroeffentlichungen_beschluesse/2010/2010_09_16-Ausbildung-Erzieher-KMK-JFMK.pdf (Abruf 20.11.2014)

Landesinstitut für Schule und Weiterbildung NRW (Hrsg.): Empfehlungen und Hinweise zur Facharbeit in der gymnasialen Oberstufe. Verlag für Schule und Weiterbildung, Soest 1999, URL: www.learn-line.nrw.de/angebote/gymoberst/medio/doku/facharbeit.pdf (Abruf 20.11.2014)

Teil 2 VOM THEMA ZUM TEXT

Blödow, Anna: Über ‚virtuelle Freundschaften' in der Grundschule. In: Beiträge aus der sozialpädagogischen Ausbildung, Heft 1/2013, S. 32–42

Daske, Benjamin: Die Bedeutung der nonverbalen Kommunikation für die pädagogische Ausbildung in einer Kindertagesstätte. In Beiträge aus der sozialpädagogischen Arbeit, Heft 4/2014, S. 23–34

Dudenredaktion: Gleichstellung von Frauen und Männern in der Sprache. In: Sprachspiegel 1/99. URL: http://frauensprache.com/gleichstellung_duden.htm (Abruf 20. 11. 2014)

Dudenredaktion (Hrsg.), Anja Steinhauer, Gabriele Diewald: Richtig gendern. Wie Sie angemessen und richtig schreiben. Berlin: Duden 2017, als Ebook-PDF im Duden-Shop (https://www.duden.de/suchen/shop/richtig%20gendern)

Leitfaden zum Erstellen der Facharbeit der Fachschule für Sozialpädagogik des Pestalozzi-Fröbel-Hauses. Berlin. 2011, S. 11

Leitfaden zur Anfertigung der Facharbeit der Anna-Warburg-Schule (zur Verfügung gestellt von Annja Baisch). Hamburg, 2015, S. 4

Mudrack, Nora: Ist das innere Arbeitsmodell von Bindung eines jungen Volljährigen veränderbar? In: Beiträge aus der sozialpädagogischen Ausbildung, Heft 5/2014, S. 28–45

Universität zu Köln, die Gleichstellungsbeauftragte: ÜberzeuGENDERe Sprache. Leitfaden für eine geschlechtersensible und inklusive Sprache. Köln 2014. URL: www.gb.uni-koeln.de/e2106/e2113/e16894/GenderLeitfaden-4.Auflage_ger.pdf

Teil 3 VOM ENTWURF ZUM MANUSKRIPT

Daske, Benjamin: Die Bedeutung der nonverbalen Kommunikation für die pädagogische Ausbildung in einer Kindertagesstätte. In Beiträge aus der sozialpädagogischen Ausbildung, Heft 4/2014, S. 24, 30, 34

Drewelowsky, Katarzyna: Mehrsprachigkeit in der Kita – konkrete Situationsbeschreibungen und Handlungsempfehlungen. In: Beiträge aus der sozialpädagogischen Ausbildung, Heft 1/2013, S. 2–13

Nentwig-Gesemann, Iris; Universität Bremen: Forschendes Lernen im Studium – geeignetes Basiskonzept zur Qualifizierung von Pädagoginnen und Pädagogen für den Elementar- und Primarbereich? URL: www.fruehpaedagogik.uni-bremen.de/tagung/nentwig.html (Abruf 16. 03. 2015)

Schubert, Christian: Vorwort. In: Beiträge aus der sozialpädagogischen Ausbildung, Heft 1/2013, S. 1.

Teil 4 VON DER RECHERCHE ZUR DOKUMENTATION

Burkart, Günter: Die Familie in Gegenwart und Zukunft. Konstanz: UVK Verlagsgesellschaft. 2008, S. 56 f.
deMause, Lloyd (Hrsg.): Hört ihr die Kinder weinen. Eine psychogenetische Geschichte der Kindheit. Erstauflage 1974, 2. Auflage 1982, Frankfurt/M.: Suhrkamp, S. 47

Kämper, Vera; Spiegel Online vom 29.01. 2015: Familienpolitik – Schwesig will Alleinerziehende stärken. URL: www.spiegel.de/politik/deutschland/alleinerziehende-studie-stuetzt-plaene-von-manuela-schwesig-a-1015740.html (Abruf 10. 03. 2015)

Marx, Rita: Entwicklungspsychologische Aspekte früher Trennung und außerfamiliärer Betreuung. In: Focali, Ergin/Kimmerle, Christoph/ Naumann, Gabriela: Zukunft.Erziehen. Berlin: dvb Dohrmann. 2013, S. 88

Marx, Rita: Zur Entwicklung von Familienformen. In: Focali, Ergin/ Kimmerle, Christoph/ Naumann, Gabriela: Zukunft.Erziehen. Berlin: dvb Dohrmann. 2013, S. 53, 58

May, Yomb: Wissenschaftliches Arbeiten. Eine Anleitung zu Techniken und Schriftform. Stuttgart: Reclam. 2010, S. 56

Mudrack, Nora: Ist das innere Arbeitsmodell von Bindung eines jungen Volljährigen veränderbar? In: Beiträge aus der sozialpädagogischen Ausbildung, Heft 5/ 2014, S. 28–45

Scala, Eva: Gestaltpädagogik. In: Focali, Ergin/ Kimmerle, Christoph/ Naumann, Gabriela: Zukunft.Erziehen. Berlin: dvb Dohrmann. 2013, S. 112

Schrader, Lieselotte Kathrin: Tappen im Dunkeln. Warum Kitas im Umgang mit Flüchtlingskindern oft auf sich allein gestellt sind. In: Betrifft Kinder, Heft 01–02, 2015, S. 6

Steinlen, Anja K./Rohde, Andreas (Hrsg.): Mehrsprachigkeit in bilingualen Kindertagesstätten und Schulen. Voraussetzungen – Methoden – Erfolge. Berlin: dvb Dohrmann Verlag. 2013, S. 19

Textor, Martin R.: Die Familie in Gegenwart und Zukunft. Positionen, Provokationen, Prognosen. Norderstedt: Books on Demand. 2009, S. 50

Wagner, Daniela (2014): Geschlechtsidentität und Geschlechterrollen – Jungen und ihre Bezugspersonen im Sozialisationsprozess. In: Textor, Martin R. (Hrsg): Kindergartenpädagogik Online-Handbuch, URL: www.kindergartenpaedagogik.de/2294.html (Abruf 10. 03. 2015)

Teil 5 VOM ENTWURF ZUM LAYOUT

Hetscher, Isabelle: Kinder und der Tod – Sinn der pädagogischen Auseinandersetzung über Sterben und Trauer mit Kindern im Elementarbereich. In: Beiträge aus der sozialpädagogischen Ausbildung, Heft 7/ 2015, S. 31 ff.

Weiterführende Literatur

Bohl, Thorsten (2008): Wissenschaftliches Arbeiten im Studium der Pädagogik. Weinheim: Beltz.

Franck, Norbert/Stary, Joachim (2003): Die Technik wissenschaftlichen Arbeitens. Paderborn: Schöningh.

Karmasin, Matthias/Ribing, Rainer (2014): Die Gestaltung wissenschaftlicher Arbeiten. Wien: Facultas.

May, Yomb (2010): Wissenschaftliches Arbeiten. Eine Anleitung zu Techniken und Schriftform. Stuttgart: Reclam.

Notzon, Konrad (2009): Alles mit Methode. Wissenschaftliches Arbeiten in der Oberstufe. München: Oldenbourg.

Paetzel, Ulrich (2001): Wissenschaftliches Arbeiten. Überblick über Arbeitstechnik und Studienmethodik. Berlin: Cornelsen.

Rost, Friedrich (2010): Lern- und Arbeitstechniken für das Studium. Wiesbaden: VS.

Zeitschrift

Beiträge aus der sozialpädagogischen Ausbildung. 2013–2015, Berlin: dvb Dohrmann.

Internetquellen

Richtlinie zur Erstellung einer Facharbeit – Berlin.de. URL:https://bildungsserver.berlin-brandenburg.de/fileadmin/bbb/unterricht/rahmenlehrplaene/berufliche_bildung/be/Richtlinie_Facharbeit_BE_SozPaed_2016.pdf

www.erzieherin-online.de/fachberatung/hilfen/gliederung.php

Bildquellen

© 2012 Microsoft Corporation. Alle Rechte vorbehalten.: S. 76; 77; 78; 79; 80; 81; 82; 83; 85
www.openoffice.org/de: S. 86; 87; 88; 89; 90; 91